UNIVERSALE
ECONOMICA
FELTRINELLI
RAGAZZI

Massimo Birattari

BENVENUTI A GRAMMALAND

Come entrare nel tunnel dell'orrore della grammatica
e uscirne vivi (e contenti)

illustrato da
ALLEGRA AGLIARDI

Prima edizione in "Feltrinelli Kids" marzo 2011
Prima edizione in "Universale Economica Ragazzi" settembre 2020

Illustrazioni interne e di copertina
ALLEGRA AGLIARDI

Progetto grafico
UFFICIO GRAFICO FELTRINELLI
Con la collaborazione di
ALLEGRA AGLIARDI

Adattamento grafico
SARA STORARI

Stampa Grafica Veneta S.p.A. di Trebaseleghe - PD

ISBN 978-88-07-89406-0

FSC
www.fsc.org
MISTO
Carta
da fonti gestite in
maniera responsabile
FSC® C021883

Ad Agnese e Francesco,
con la speranza che si divertano
(imparando).

1. TUTTO COMINCIÒ CON UN TEMPORALE

È un pomeriggio di fine maggio, e le nuvole che si accumulano non promettono niente di buono.
Clara e Luca guardano la scrivania ingombra di libri, quaderni, astucci e decidono di andare a fare i compiti in soggiorno. Riempiono il tavolo di altri libri, quaderni, astucci, fanno spazio al computer che dovrebbero dividersi da bravi fratelli e, prima di sedersi, Clara accende il televisore.
"Lo sai che la mamma non vuole che guardiamo la tv mentre facciamo i compiti," la rimprovera Luca.
"Sono io la sorella maggiore, no? Tu vai ancora alle elementari, e non sei in grado di controllarti. Io sì. Infatti accendo solo cinque minuti, per vedere cosa succede a *Molto più che amici*."
Luca alza gli occhi al cielo, vorrebbe ricordare alla sorella che il divieto vale per tutti e due, ma viene distratto da quello che accade sullo schermo. Due ragazze sui vent'anni stanno litigando – non occorre sentire le parole per capirlo – a causa di un ragazzo.

"...ce lo credevi te che Christian amava a te. Christian ama a me," dice la prima ragazza, che a quanto pare si chiama Manola.
"No, ama davvero a me," ribatte l'altra, Gessy.
"Se amerebbe a te me lo diceva, no?"
"E perché ce lo dovesse dire a te?"
"Perché sì. Domandacelo a Christian, dài, che te lo dice lui."
"Domandacelo te."
"No, domandacelo te."

"Ma dobbiamo proprio vedere questa lagna?" chiede Luca.
"Be', non sei obbligato. Potresti fare i compiti, per esempio."

"Te," grida Gessy dal televisore.
"No, te," ribatte senza molta fantasia Manola.
"E domandiamocelo insieme. Christian, a chi ami te?"
"Eh?" fa Christian, senza nemmeno alzare lo sguardo dallo schermo del cellulare, concentrato com'è a sparare ai marzianini.
"A chi ami te?" gridano Manola e Gessy.
Christian corruga la fronte, in un disperato sforzo di concentrazione.

Luca guarda fuori dalla finestra, nota che il cielo è sempre più nero, afferra il suo cellulare e scrive un sms al suo compagno Filippo:

Xkè qlla kretina di mia sore guarda Molto + ke amici in tv?

Intanto, a *Molto più che amici*, Christian, dopo aver riflettuto a lungo, pare sul punto di rispondere.

"Boh," dice alla fine, e riprende serenamente a sparare ai marzianini.
"Aaah!" gridano insieme Manola e Gessy mettendosi le mani addosso e strappandosi a vicenda ciocche di capelli. "Ahia!"

"Ahia," grida anche Clara. Luca le ha preso dalle mani il telecomando, e provvede subito a cambiare canale. Adesso compaiono tre o quattro signori di mezza età che parlano di calcio, tutti insieme, accaldati, furibondi, pronti ad agitare le mani e a gridare sempre più forte per coprire le urla altrui. La telecamera cerca di seguire il dibattito, e vaga impazzita per lo studio.

"Ma se quel – *biiip* – di un albitro non fischiava il fuorigioco mentre che Grapinho era solo davanti al portiere, col – *biiip* – che vincevate," sostiene uno con gli occhi fuori dalle orbite.
"Ma che – *biiip* – stai a dire, che non sei capace a distinguere un fuorigioco da una bandierina del calcio d'angolo," risponde un altro, rosso come un peperone.

"Ma senti che ignoranti!" fa Clara. "Ma senti come parlano!"
"Perché invece le due di prima erano il vocabolario e l'enciclopedia messi assieme, eh?"
Clara scrolla le spalle e si impadronisce del computer. Apre Facebook, annuncia che scriverà un "Manifesto mondiale contro i fratelli minori" e comincia la stesura, interrompendosi ogni tanto per pensare al testo che deve portare a scuola domani, intitolato "Descrivi i tuoi migliori amici e spiega perché lo sono".
Dal televisore continuano a venire urla disumane.

"È un gomblotto! Mi ricordo benissimo che nel 2001-2002, alla terza giornata di campionato, c'era una rimessa laterale per noi e l'albitro..."

Sulla pagina Facebook di Clara compare un messaggio della sua amica Arianna:

Un manifesto kontro i fratelli minori? mi piace! xò lo farei anke x i fratelli maggiori xkè il mio è maggiore e rompe parekkio anke lui.

Subito Clara le risponde:

OK manifesto kontro fratelli in generale
cmq i minori sn peggio te lo garantisko io.

E poi lascia perdere il manifesto contro i fratelli in generale e si concentra sul suo in particolare: "Adesso basta, eh? Giriamo su *Enorme Cugino*. Hanno nominato Chevin, e voglio vedere come va a finire".
"No, sto guardando io," dice Luca stringendo il telecomando.
"Hai già guardato la tv più di me, oggi pomeriggio. Molla il telecomando!" Clara glielo arpiona e schiaccia i tasti del canale che le interessa.
"La mamma non vuole che guardiamo *Enorme Cugino,*" dice Luca, e cambia canale.
"Invece i trogloditi che litigano per il calcio vanno bene, eh?" risponde Clara e rimette su *Enorme Cugino*, dove un tizio tatuato in canottiera si rivolge alla telecamera.

"Cioè, io sono Chevin, sono quello che sono, dovete prendermi così, prendere o lasciare, che quando mi alzo la mattina mi guardo allo specchio e dico bello Chevin, sei veramente eccezionale Chevin, non farti buttar fuori Chevin, se no qua non si diverte più nessuno..."

Sul cellulare di Luca arriva un messaggio di Filippo:

Le sore maggiori sn 1 gran rottura.

"Quanto hai ragione, Filippo!" sospira Luca, e ricambia canale. Ormai sul televisore i due programmi sono diventati una cosa sola, e alle grida dei tifosi che protestano per un rigore negato si sommano quelle di Clara, che non ne può più delle trasmissioni sul calcio, e a quelle di Chevin e degli altri prigionieri nella casa dell'*Enorme Cugino* si aggiungono le proteste di Luca, che non li tollera.

All'improvviso si spalanca la porta di casa e irrompe la mamma: "Ragazzi, volete finirla? Sulle scale si sentono solo le vostre urla". Appena si accorge che Clara e Luca stanno facendo i compiti con gli occhi puntati sul televisore e il computer mentre le dita martellano i tasti dei cellulari, la mamma sbotta: "Spegnete immediatamente la tv! Il computer vi serve per la scuola? Se sì, bene, altrimenti spegnete anche quello. E via i cellulari: quando si fanno i compiti bisogna stare concentrati, quante volte ve lo devo ripetere? Adesso devo uscire di nuovo, e quando torno vi controllo i quaderni. Ah, mi raccomando: chiudete le finestre. Avete visto questi nuvoloni neri? Sta per scatenarsi un uragano".
"D'accordo, mamma, non ti preoccupare," dicono Clara e Luca, ma appena la mamma si richiude la porta alle spalle, non resistono e ricominciano a rubarsi il telecomando passando da un canale all'altro, a chattare, a mandare messaggini al cellulare, scrivendo una mezza frase sul quaderno e trascorrendo il resto del tempo a scambiarsi grida e insulti. Fino alla Grande Scarica Elettrica.

Le nuvole nere che si erano raccolte sopra la città, cariche di pioggia e di grandine, non potevano trattenere all'infinito l'immensa energia che avevano accumulato. L'antenna del palazzo dove vivono Clara e Luca fa da parafulmine, e il lampo che la unisce alla nuvola più nera è seguito, senza la minima pausa, dal rumore di una terribile scarica elettrica, che finisce con un'esplosione secca. I vetri delle finestre vibrano, i ragazzi fanno un salto sulla sedia, il computer si spegne, i cellulari non hanno più campo, e dal televisore si leva una nuvoletta di fumo nero.
Per lo shock, Clara e Luca non riescono nemmeno a parlare. Fissano il grande schermo nero, dove un istante prima qualcuno aveva gridato "Rigore" o "Votate me". Si guardano negli occhi, e come automi chinano la testa e si mettono a fare i compiti.
Tornata a casa, la mamma sente odore di bruciato e vede il fumo nero che ancora esce dal televisore.
"Che cosa è successo?" chiede.
"Gu," risponde Clara.
"Zot," fa Luca.
"Si è fulminato il televisore?"
"Nn solo, tt, anke il computer e i cell," dice Luca.
"Cmq nn mi sn spaventata," dice Clara.
"Ma perché parlate così?"
Clara e Luca allargano le braccia: "Boh".

La mamma comincia a preoccuparsi. Abbassa gli occhi e vede il foglio su cui Clara ha scritto il suo testo.

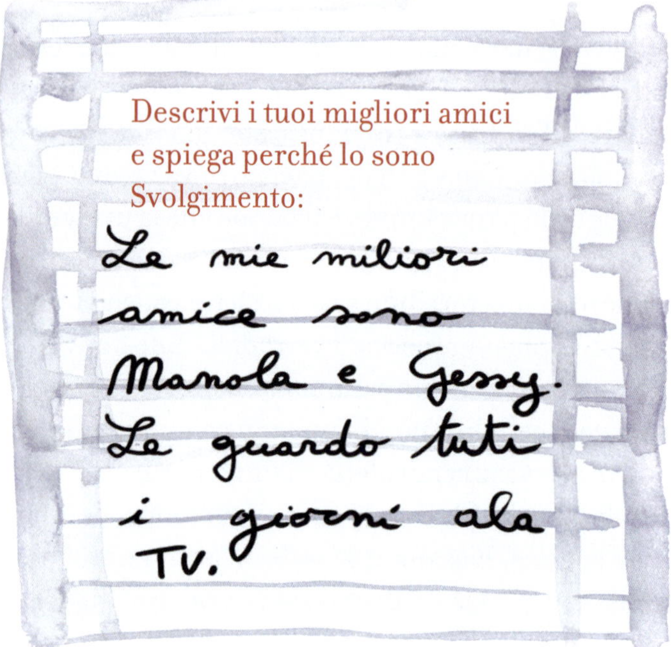

La mamma non crede ai suoi occhi. "Clara! Sei alla fine della seconda media e scrivi un testo di due righe, oltretutto senza senso, due righe piene di errori d'ortografia che nemmeno tuo fratello di quarta elementare... Luca!"
"Eh?"
"Guarda qua. Correggi il testo di tua sorella."
Luca osserva il foglio grattandosi la testa. Dopo una lunga pausa, cancella con un tratto di penna "Gessy" e scrive accanto "Gessi".
La mamma si mette le mani nei capelli.

2. L'UNICA SPERANZA

"Non si preoccupi, signora," dice il preside. "Tutto sommato, la situazione è sotto controllo."

"Come sarebbe, sotto controllo?" salta sulla sedia la madre di Clara e Luca. "I miei figli borbottano suoni inarticolati e quando scrivono pare che vogliano vincere il campionato mondiale degli errori di ortografia! E io non dovrei preoccuparmi?"

"Volevo solo dire che, dal punto di vista scolastico, Clara può stare tranquilla. I suoi voti sono sempre stati più che buoni, e non sarà questo... ehm... peggioramento a rovinarle la pagella."

"Io e mio marito non siamo preoccupati per la pagella, ma per il modo di parlare e di scrivere dei nostri figli."

"Be', signora, il vostro caso non è unico. Solo nella

nostra scuola è successo a un'altra dozzina di ragazzi. Quel temporale ha avuto conseguenze impreviste. Ne hanno parlato anche sul giornale. Guardi questo titolo."

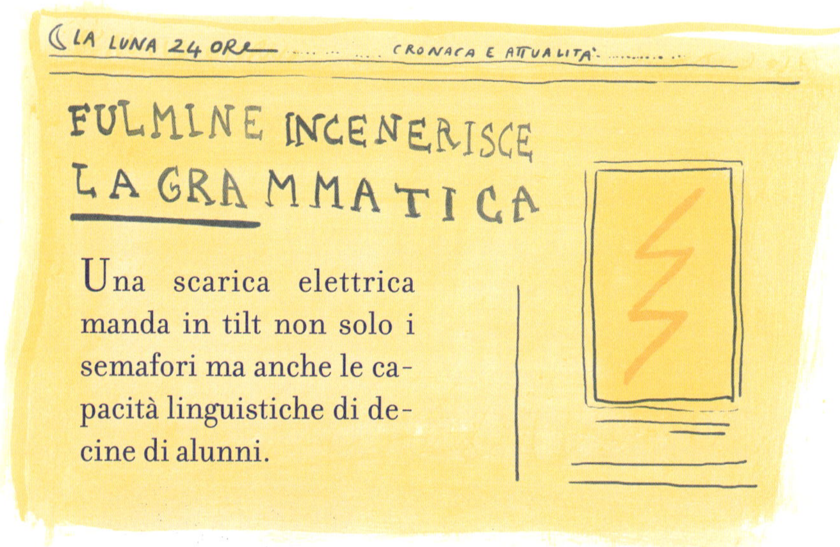

"Terribile," mormora la mamma di Clara e Luca. "È un'emergenza! Cosa si può fare?"
"Abbiamo una soluzione," risponde subito il preside. "Per questo continuo a dirle di non preoccuparsi. Siamo abituati ad affrontare casi del genere: non occorre essere stati sfiorati da un fulmine per avere la grammatica fulminata, mi dia retta. E allora noi consigliamo una vacanza a Grammaland."
"Grammaland?"

"Certo. L'anno scorso un giovane professore precario, che aveva insegnato da noi un paio d'anni, molto bravo, molto appassionato, ha saputo che, a causa dei tagli, non sarebbe stato riconfermato. Allora ha deciso di cambiare completamente vita. Aveva sempre avuto la passione dei giochi di prestigio, dei trucchi e delle magie, e la sua famiglia aveva un piccolo parco dei divertimenti, dove ormai non andava più nessuno. Così, ha deciso di ristrutturarlo completamente, e di usare i tunnel dell'orrore, gli ottovolanti, il tirassegno per insegnare la grammatica, l'altra sua passione. E l'ha chiamato Grammaland."
"Oh, che bellezza! Un parco a tema, un modo divertente e originale per imparare l'italiano."
"Originale di sicuro. Quanto al divertente... Sì, il nostro giovane professore si diverte parecchio, mentre i ragazzi apprezzano in particolar modo l'aspetto horror."
"Horror?"
"Già. L'insegnamento è basato sul puro terrore. Ma i ragazzi vanno matti per l'horror, lo sappiamo tutti. Quindi abbiamo organizzato un campo scuola che comincia fra una settimana. Vuole iscrivere Clara?"
"Sì, ottimo. Ma Luca? Prendete anche i ragazzi di quarta elementare?"
"Certo, possono partecipare anche i fratelli dalla terza elementare in su."
"Allora d'accordo anche per Luca. Speriamo che funzioni."

“Funzionerà di sicuro. Il professor Mangiafuoco è una garanzia.”
“Il professor chi?”
“Mangiafuoco. È il suo cognome. E anche il nome non scherza: Furio. Furio Mangiafuoco. Ma in fondo – molto in fondo, scavando per un bel po’ – è buono come il pane.”

3.

BENVENUTI?

È un sabato di metà giugno e Clara, Luca e i loro genitori sono col naso all'insù davanti al cancello del campo scuola. Fissano la grande insegna che sovrasta l'ingresso.

Appena dentro, un giovane addetto con una cartelletta in mano controlla i nomi degli ospiti.

"Benvenuti a Grammaland, Clara e Luca!" li saluta dopo aver guardato i moduli appena consegnati. "Be', come dice l'insegna qua sopra, forse benvenuti è una parola grossa. Diciamo che una volta dentro sarà difficile tirarvi fuori. Ma nel senso che vi piacerà talmente che vorrete fermarvi ancora..." spiega scoppiando in una risata per niente rassicurante. "Allora, mettetevi sulle maglie queste targhette con i vostri nomi e caricate zaini e valigie sul furgone: ci penseremo noi a portarli nel dormitorio. E naturalmente consegnatemi i telefonini, come era scritto sul regolamento che vi abbiamo spedito. Ve li restituiremo alla fine. Il vostro gruppo si raduna al tirassegno. Lo vedete, lì dietro, sulla destra? Andate, mancate solo voi."

"Scusi, è possibile parlare con il responsabile?" chiede la mamma, un po' inquieta.
"Il professor Mangiafuoco? Be', se proprio ci tenete... Solo voi genitori, però. I ragazzi devono raggiungere il raduno. Prendete questa cartina di Grammaland. Non potete sbagliare: l'ufficio del presidente è quello segnalato dal teschio con le tibie incrociate."
Il papà e la mamma si scambiano uno sguardo preoccupato. "Allora, ragazzi, mi raccomando," dice il papà. "Comportatevi bene, divertitevi, imparate, fate amicizia..." La mamma abbraccia Clara e Luca, che subito corrono verso il tirassegno.

4. TIRASSEGNO ALL'ACCENTO SBAGLIATO

Una dozzina di ragazzi e ragazze, tutti fra la terza elementare e la seconda media, si guardano nervosamente attorno, scambiano qualche parola, aspettano che arrivi qualcuno a spiegare cosa li attenderà in quella settimana a Grammaland. Per il momento vedono solo una specie di bancone, su cui sono appoggiati un paio di fucili, e un sipario che evidentemente copre i bersagli del tirassegno.
Clara si volta verso il ragazzo alto e magro con i capelli neri a spazzola che le sta di fianco.
"Io sono Clara, e tu?"
"Stefano," dice il ragazzo indicando la targhetta.
"Anche a te, dopo il fulmine, ti è andata in pappa la grammatica?"
"Già. Adesso va un po' meglio, ma ho una gran confusione in testa..."
"Anch'io."
Parte all'improvviso una musica che ai ragazzi pare di aver già sentito, si apre il sipario ed entra di corsa un uomo piuttosto giovane, con calzoni e giacca di pelle e un cappello a tesa larga. Appoggia qualcosa sul bancone e grida: "Ciao a tutti, e benvenuti a Grammaland! Ah, sì, mi dimentico sempre che

benvenuti è un po' esagerato. Comunque ci divertiremo lo stesso, non preoccupatevi. Io sono... be', chiamatemi Indiana. Anche Indy va bene. Ma le presentazioni le faremo dopo. È meglio cominciare subito il nostro trattamento speciale. Guardate che bel tirassegno".

I ragazzi fissano l'enorme meccanismo che prima era coperto dal sipario. Ci sono ingranaggi, pannelli, caselle su cui compaiono lettere e parole alla rinfusa. Da un lato spunta una grossa leva d'ottone.

"Allora, chi vuole cominciare a sparare?"

Il ragazzo di fianco a Clara alza subito la mano.

"Oh, il primo volontario!" dice Indiana fregandosi le mani. Stringe gli occhi per leggere il nome del ragazzo sulla targhetta. "Benissimo, Stefano. Vieni qui e prendi uno di questi fucili." Indiana afferra la leva d'ottone, il meccanismo si mette in moto e, dopo un gran frullare di ruote dentate e caselle, compare una scritta.

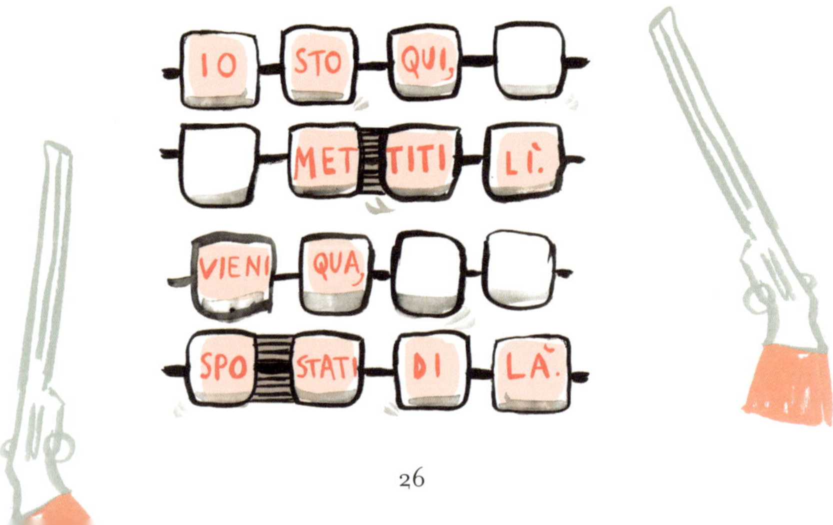

"Allora, caro Stefano, qui siamo nel Tirassegno dell'Accento, e quello che devi fare è colpire le paroline con l'accento sbagliato: o perché manca dove ci vuole, o perché è segnato dove non ci va. Avanti, ragazzo: fuoco!"
Stefano prende la mira e spara tre colpi.

"Un bell'applauso per il nostro coraggioso volontario!" grida Indy, e tutti i ragazzi battono le mani. "Ma vorrei sapere: hai colpito le parole che volevi o è stato un caso?"
"Ho sempre avuto una gran mira," dice Stefano con un sorriso orgoglioso. "Ho vinto un sacco di premi al luna park."
"Allora, vediamo: perché hai colpito *lì* e *là*?"
"Be', lo sanno tutti: su *qui* e su *qua* l'accento non va. Dunque sarà lo stesso anche per..."
"No, no, no!" strilla Indiana, si strappa il cappello dalla testa, lo scaglia per terra e comincia a saltarci sopra. "Male, molto male!"

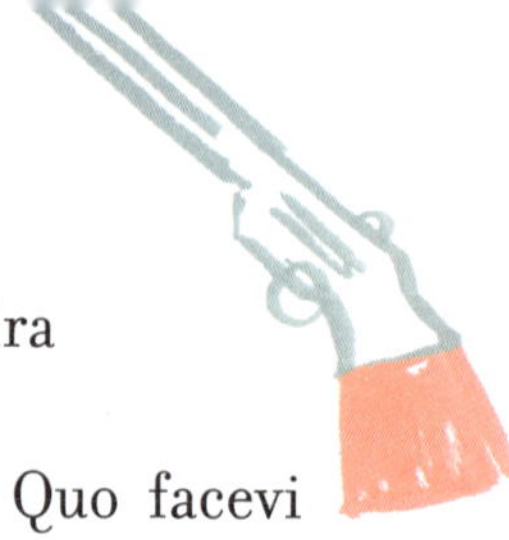

Stefano, confuso, prende di nuovo la mira e colpisce *qui* e *qua*.

Indiana impallidisce. “Se c’era anche Quo facevi fuori pure lui.” Sembra barcollare e cercare un appoggio, invece impugna l’oggetto che aveva posato sul bancone. È una frusta, la fa schioccare in aria e con un’estremità strappa il fucile dalle mani di Stefano. “E hai anche sparato al povero *sto*. Ucciso ingiustamente...”

“Ma allora non doveva nemmeno sparare un colpo” dice Luca, fissando Stefano. “Era un trabocchetto!”

“Questo posto è *pieno* di trabocchetti” sussurra Indiana e afferra di nuovo la leva, ma questa volta la tira di lato. Sotto i piedi di Stefano si spalanca una botola, e il ragazzo precipita nel buio gridando: “Aiutoooooo...”.

Indiana fa il gesto di spazzolarsi le mani, poi si china, recupera il cappello, gli ridà una forma accettabile e se lo sistema di nuovo in testa. “Cerchiamo di mettere qualche puntino sulle i,” comincia. “O magari qualche accento. Partendo dalle cose sicure.”

Su qui e su qua l’accento
non va.
Ma su va, ci va o non ci va?
E su no? E su sì? E su so?
E su su?

BOH...

"Allora, partiamo dal principio. Perché in italiano certe parole hanno l'accento? Per far capire come si pronunciano, e di conseguenza altre cose importanti. Se scrivo *mangio*, senza accento, sono io che mangio. Se scrivo *mangiò*, con l'accento, io ho ancora fame, perché è qualcun altro che ha mangiato, un po' di tempo fa. Tutto per un piccolo, umile accento... Quindi qui la regola è chiara. È solo un po' lunga da dire."

Le parole italiane con due o più sillabe

che finiscono in vocale

e che si pronunciano accentate sull'ultima sillaba

vanno scritte con un accento sulla vocale finale.

"Siamo d'accordo, vero? E allora, mi raccomando, non scordatevi l'accento nella penna, quando scrivete quelle parole. Ma se le sbagliate, è solo per distrazione."

Indiana si toglie il cappello, lo appoggia sul bancone, si passa un fazzoletto sulla fronte e riprende.

"Dunque lo scopo principale dell'accento è farvi capire come si pronunciano le parole. Per questo *più*, *giù*, *già*, *ciò* devono essere scritte con l'accento:

se scrivessimo *piu*, *giu*, *gia*, *cio*, dovremmo pronunciarle con l'accento sulla *i*, come *pio pio*."
"Be', è vero," commenta Clara. Altri ragazzi fanno cenno di sì con la testa, ripetendo "Pio pio".

Le note del prof. Mangiafuoco

Allora perché su *qui* e su *qua* l'accento non va? Non è la stessa cosa di *più* e *ciò*? No. Non c'è la possibilità di sbagliare l'accento, perché quella *u* serve solo a far pronunciare la *q*. Lo vedremo bene più avanti. Per adesso, pensate solo che per pronunciare *cui*, con l'accento sulla *u*, dovete appunto usare la *c*, e scrivere una parola diversa: *cui*.

"Abbiamo fatto un giro un po' lungo, ma siamo arrivati al punto che ci interessa: se scriviamo io *sto* oppure lei *va*, abbiamo dei dubbi su come pronunciare *sto* e *va*? No: sono parole di una sillaba sola,

non abbiamo l’imbarazzo della scelta. L’accento sarebbe inutile, ed è sbagliato. Lo stesso vale per *no*, *su*, io *do*, io *so*, lui *fa*, lei *sta* e così via.”
Indiana dà una botta al meccanismo, e sul tabellone compare una frase.

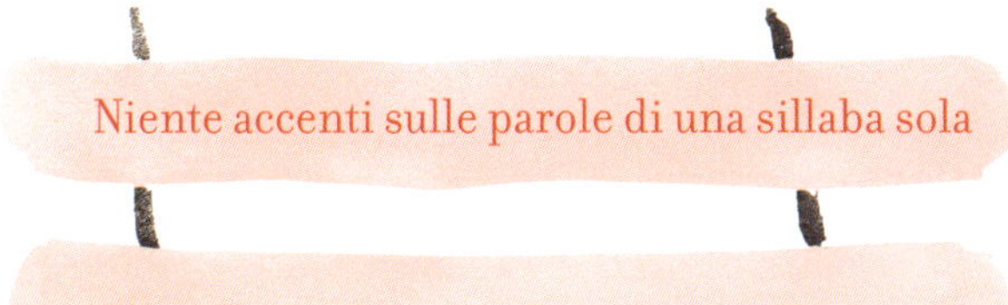

Altra botta alla leva.

Ancora una botta alla leva.

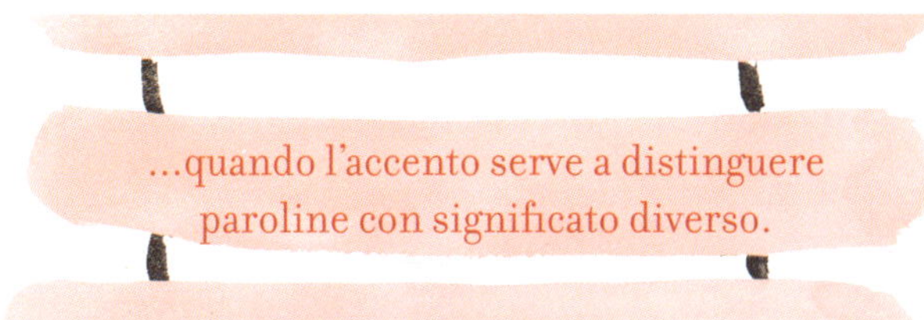

"Fate molta attenzione alla tabella che compare adesso."

Lui è mio zio	e lei mia cugina.
Indiana dà consigli	da ricordare.
Chi fa da sé fa per tre	se non fa pasticci.
Non è né carne né pesce	e non ne voglio sapere.
Lì ci sono i regali	e me li prendo.
Là non ci torno	e la lascio perdere.
Mi ha risposto di sì	e si è allontanata.
Bevo solo tè	e amo solo te.

Insomma, spiega con pazienza Indy: quando *è* è voce del verbo *essere*, *dà* è la terza persona singolare del presente di *dare*, *sé* è il pronome, *né* è la negazione, *lì* e *là* sono avverbi di luogo, *sì* è l'affermazione e *tè* è la bevanda, allora l'accento è obbligatorio.

Le note del prof. Mangiafuoco

Se stesso o *sé stesso*? Solo quando *sé* è seguito da *stesso* o da *medesimo*, è possibile non mettere l'accento. Ma non è una regola. Anzi, sarebbe più giusto e più logico mantenerlo.

"Poi ci sarebbero anche *dì* quando vuol dire *giorno*, e *ché* quando significa per esempio *poiché*, ma non li userete molto spesso. Ricordatevi però quelle otto paroline nella colonna di sinistra: sono gli unici monosillabi – cioè parole composte da una sola sillaba – che è obbligatorio accentare in italiano."

"Però..." dice Clara.

"Però...?"

"Perché non si mette l'accento su *fa*, quando si dice *un anno fa*? Non si confonde con la voce del verbo *fare*?"

"Un'osservazione interessante fatta dalla nostra amica..."

"Clara."

"Allora, qualcuno sa rispondere alla domanda di Clara?"

Nessuno alza la mano.

"Non si mette l'accento su quel *fa* perché è proprio la voce del verbo *fare*. Una volta si diceva: *fa un anno che...*, cioè *è passato un anno da...* Poi quel *fa* si è fissato in quella forma, ed è diventato avverbio. Per questo non occorre l'accento." Indiana si guarda intorno, come se si aspettasse un applauso. Poi, un po' deluso, fa schioccare la frusta e grida: "E adesso divertitevi, ragazzi, tutti a sparare via gli accenti sbagliati che compariranno sul tabellone. Uno per volta, mi raccomando".

Il meccanismo parte un'ultima volta, mentre i ragazzi si mettono in fila sgomitando, pronti a prendere i fucili. Alla fine, quando tutti ci hanno provato, ecco il risultato.

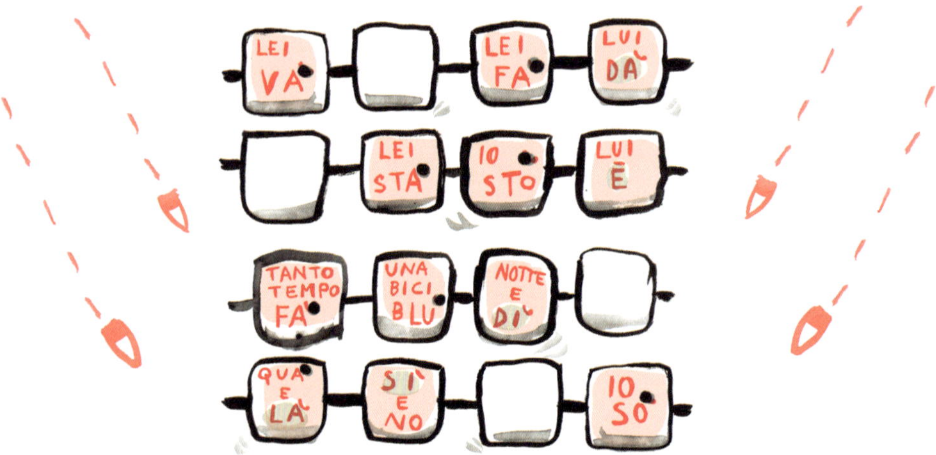

"Bravissimi," dice Indiana, soddisfatto. "Adesso tutti al punto ristoro per la merenda."

"Però..."

"Hai un altro dubbio, Clara?"

"No. Volevo sapere che fine ha fatto il povero Stefano."

"Non ti preoccupare. Lo recupereremo e arriverà al ristorante in tempo per la cena."

"Ma così salta la merenda, e in più non ha nemmeno sentito la spiegazione," insiste Clara.

"Sulla merenda: pazienza. Ma sulla spiegazione non posso darti torto. Facciamo così: gli spiegherai tutto tu. Non è una splendida idea?"

5. NELLO STUDIO DI MANGIAFUOCO

I genitori di Clara e Luca non hanno fatto fatica a trovare l'ufficio di Mangiafuoco. Oltre che sulla cartina di Grammaland, infatti, il teschio con le ossa incrociate, enorme, al neon, giganteggia sul tetto di una palazzina. Sulla porta c'è una targa:

Sotto la targa, appeso a un chiodo, c'è un cartello:

Entrano, si accomodano nella sala d'attesa, e cominciano a leggere i giornali a disposizione. Passa un quarto d'ora, poi un altro, poi un terzo, e si accorgono che l'assortimento di riviste è davvero notevole, come se il professor Mangiafuoco sapesse che le persone venute a incontrarlo dovranno aspettarlo molto a lungo.
Finalmente, dopo quasi un'ora, compare il presidente. I genitori si aspettavano un ragazzino, e invece si trovano di fronte un omone così imponente che sembra camminare su trampoli, con una gran pancia, come se avesse un cuscino legato sotto la camicia, una gran capigliatura nera, una gran barba nera, sopracciglia cespugliose e mazzetti di peli che gli escono dalle orecchie.
"Vogliate perdonare il mio imperdonabile ritardo." Anche la voce è profonda. "Ma pare che in questo posto non funzioni niente se non sono presente io... Entrate nel mio studio, vi prego."
La mamma di Clara e Luca vorrebbe fare domande sui metodi di insegnamento di Grammaland, sui risultati ottenuti finora, sulle attività svolte dai ragazzi, ma la cosa che le esce dalla bocca è: "Sa che lei somiglia proprio a... a...".

"A...?"
"Al Mangiafuoco di Pinocchio!"
"Per forza!" dice il professore scoppiando in una risata gorgogliante. "Era il mio trisavolo, il nonno di mio nonno. Tutti noi Mangiafuoco abbiamo preso da lui."
"Ma... come..." balbetta il papà. "Ho sempre creduto che fosse un... un personaggio di fantasia, inventato da Collodi..."
"Si sbagliava. Collodi non ha inventato Mangiafuoco: l'ha semplicemente descritto. Se discendessi da un personaggio di fantasia sarei di fantasia anch'io, no?" Il professor Mangiafuoco allunga la mano e stringe vigorosamente quella del padre di Clara e Luca. "Vede? Sono di carne e ossa."
"Quindi anche lei" riprende la mamma "sembra terribile ma in fondo ha il cuore d'oro, come il suo illustre antenato. Mi sento sollevata. Può raccontarci i metodi seguiti a Grammaland, il livello dei suoi collaboratori, i risultati ottenuti?"
"Collodi ha molto abbellito la realtà. Mai fidarsi degli scrittori" mormora il professore quasi tra sé. "Comunque: i nostri animatori sono estremamente qualificati, gente selezionata da me dopo esami severissimi. Io stesso non saprei spiegare meglio la grammatica."

"E il metodo?"
"Lo definirei 'del filo del rasoio'. Qui i ragazzi non si possono mai distrarre: a ogni angolo c'è un'insidia, un trabocchetto..."
"Ma non è pericoloso?"
"Certo! Per questo piace ai ragazzi. Chiedetelo a tutti quelli che ci sono passati. E adesso scusatemi, ma devo scappare. Hanno di nuovo bisogno di me. Ci rivediamo fra una settimana, quando verrete a riprendere i vostri figli. Non crederete ai vostri occhi..."

6. L'OTTOVOLANTE DELL'APOSTROFO

Dopo la merenda, i ragazzi del gruppo di Clara e Luca si sono radunati davanti a un ottovolante. È un'enorme costruzione d'acciaio dove vagoncini a forma di missili e navicelle spaziali salgono in alto e poi precipitano seguendo un percorso pieno di curve e pendenze vertiginose.

"C'è pure il giro della morte..." dice Sara, una ragazza di prima media che Clara ha conosciuto durante la merenda. "Mica ci faranno salire lì sopra, vero?" In quel momento si ferma sul binario accanto a loro un trenino simile a un'astronave. Alla guida c'è un uomo vestito da astronauta, con tanto di tuta e casco, che salta a terra con una specie di balzo al rallentatore, come se camminasse sulla Luna, e grida, con una voce che sembra provenire da un collegamento radiospaziale: "Tutti a bordo!". Poi dà un'occhiata ai carrelli e dice: "Prima però bisogna dare una sistemata".

"Questa frase non si riesce proprio a pronunciare. Cosa possiamo fare?" chiede l'astronauta.
"Be', togliamo un po' di vocali," propone un ragazzo.
"Ottimo!" L'astronauta si mette all'opera e, con pochi colpi di un grosso martello spaziale, elimina i pezzi di carrello con le vocali di troppo.

"Accidenti! Senza le vocali alcuni carrelli non stanno più in piedi," dice l'astronauta. "Dobbiamo agganciarli: guardate un po' cosa ci metto."

"Presto! Salite tutti sull'Ottovolante dell'Apostrofo!"
Quando i ragazzi sono a bordo, legati con cinture di sicurezza che sembrano anche loro grossi apostrofi, l'astronauta si mette alla guida e parte a tutta velocità. Tra le grida di entusiasmo o di terrore dei passeggeri, comincia la sua spiegazione.
"Avete visto? Gli apostrofi servono ad attaccare le parole una all'altra: cade una vocale, e – *zac!* – arriva l'apostrofo che aggancia la consonante della prima

parola alla vocale con cui comincia la seconda. Capita spesso con gli articoli: per esempio, *l'*apostrofo. Qualcuno sa farmi un altro esempio?"

"Certo: l'aradio."

È stato Luca a parlare. L'astronauta frena bruscamente e blocca i vagoncini all'inizio di una discesa mozzafiato. "Cosa c'entra la radio?"

"L'aradio: elle apostrofo aradio."

L'astronauta schiaccia un pulsante. Dal carrello dove è seduto Luca si alza un beccuccio puntato verso di lui, da cui esce uno schizzo di vernice blu.

"Ma scherzavo!" grida Luca mentre la vernice, che gli ha completamente tinto di blu i capelli e la faccia, comincia a colargli sulla maglietta. "Lo so che si dice *la radio*."

"Anch'io scherzavo," risponde la voce metallica che esce dal casco dell'astronauta. "Infatti non ho usato una vernice indelebile." Schiaccia un altro pulsante e dal beccuccio esce un getto d'acqua che inonda Luca. La vernice si scioglie e cola via, lasciando il ragazzo fradicio ma pulito. "Avanti! Ripartiamo!"

Mentre procedono lanciati su un lungo tratto rettilineo, sul binario accanto avanza, alla loro stessa velocità, un altro trenino di carrelli.

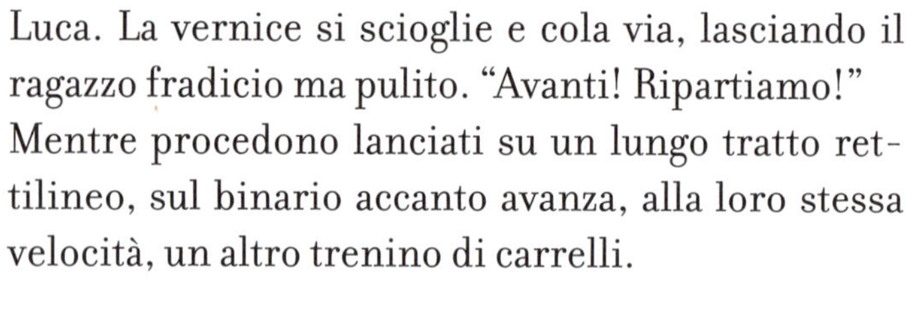

"Guardate quei carrelli," dice l'astronauta indicandoli. "Non ci sono apostrofi. Le parole stanno in equilibrio da sole, non hanno bisogno di agganciarsi alla parola seguente, che inizia per vocale. E sapete perché? Perché *qual*, l'articolo maschile *un*, *buon* davanti a un nome maschile sono troncamenti." Qui l'astronauta allunga la mano, la appoggia sul mento del ragazzo più vicino e fa il gesto di tagliarglielo. "Tronca-mento! Ah ah ah! Nel troncamento, la vocale finale cade indipendentemente dal fatto che dopo ci sia una parola che comincia per vocale. Niente gancio-apostrofo, allora."
"Ma come facciamo a sapere se la vocale finale è caduta per un troncamento, e l'apostrofo non ci vuole, oppure ci vuole perché non è un troncamento ma un... una...?" chiede Clara.
"Elisione: quella con l'apostrofo si chiama elisione. C'è un sistema molto semplice: guardate."
Nei carrelli spunta uno schermo su cui scorre un breve testo.

Le note
del prof. Mangiafuoco

C'è un metodo pratico per stabilire quando una parola che finisce in consonante richiede l'apostrofo per unirsi alla parola seguente che comincia per vocale? Certo. Basta metterla davanti a una parola che comincia per consonante, mantenendo il maschile o il femminile. Per esempio: in *un amico* l'apostrofo ci vuole o no? Mettiamo *un* davanti a una consonante: possiamo dire *un nemico*? Certo: quindi *un* è un troncamento, niente apostrofo. Lo stesso vale per i composti maschili: *qualcun*, *nessun*. Invece, al femminile, *un'amica*: possiamo dire *un nemica*? No, quindi *un'amica* non è un troncamento, ma un'elisione, e l'apostrofo è obbligatorio.

"Leggere mentre l'ottovolante fa tutte queste curve è una cosa che fa venire il mal di mare," dice Fabio, un ragazzo seduto accanto a Luca. "Non capisco più niente: con *qual è* l'apostrofo ci va o non ci va? O non ci va se è maschile e ci va se è femminile?"
"Con *qual è* l'apostrofo non ci va MAI," risponde la voce gracchiante dell'astronauta. "Qual è la regola, qual è il criterio? La regola è quella delle note del professor Mangiafuoco. Si può usare *qual* davanti a una parola che comincia per consonante? Sì: *qual buon vento ti porta* o, se volete essere poetici, *qual meraviglia*. Quindi, niente apostrofo."
"E con *ventun*?" chiede Luca. "Se a essere ventuno sono per esempio delle oche, si dice *ventun'oche* con l'apostrofo perché è al femminile?"
"No. *Ventuno* (come *trentuno*, *quarantuno* eccetera) è invariabile: resta uguale al maschile e al femminile. Con le parole femminili di solito non si usa la forma tronca: quindi *ventuno oche*, di certo non *ventun'oche* con l'apostrofo."
I carrelli dell'ottovolante stanno correndo sotto una

specie di impalcatura. In lontananza si vede qualcosa che pende dalle travi.
"Adesso facciamo un gioco," spiega l'astronauta. "Passeremo sotto piccoli tabelloni che riportano parole con o senza apostrofo. Voi dovrete prendere al volo la forma giusta."

Quando il suo carrello è sotto la prima serie di tabelloni, Clara prende al volo il cartello di destra.
"Molto bene," commenta l'astronauta. "Perché hai scelto *pover'uomo* con l'apostrofo?"
"Perché," risponde Clara, "ho pensato: si può dire *pover ragazzo*? No, si dice *povero ragazzo*, quindi se cade la *o* ci vuole l'apostrofo."
"Giusto. Ecco un'altra serie di cartelli."

Sara alza la mano e afferra il tabellone di destra. L'astronauta le fa subito capire che ha sbagliato mira.
"Hai visto per caso questo mostriciattolo, questo

pò con l'accento, nella lista dei monosillabi di Indiana?"

"E tu come lo sai che Indiana ci ha mostrato quella lista?"

"Ehi, signorina: qui le domande le faccio io. Comunque lo so perché io e Indiana ci conosciamo così bene che potremmo benissimo scambiarci gli incarichi. Perché hai scelto *pò* scritto in quel modo?"

"Perché me lo scrive così il mio cellulare. E l'ho anche visto su qualche giornale."

"Abominio!" grida l'astronauta, e schiaccia un altro tasto. Il carrello di Sara, l'ultimo della fila, si sgancia dal trenino e uno scambio che scatta in quell'istante lo spedisce su una rampa di lancio. Mentre vola nel vuoto, lo schermo davanti alla terrorizzata Sara trasmette il seguito della lezione dell'astronauta.

"Un *po'* si scrive sempre con l'a-po-stro-fo!" scandisce. "È il troncamento di *poco*..."

"Ma se ci hai appena detto che i troncamenti sono senza apostrofo!" sbottano insieme cinque o sei ragazzi. "Anche quella nota del professor Mangiafuoco..."

"Ehi: la nota parlava di parole tronche che finiscono in consonante. Secondo voi *po'* finisce in consonante? E poi è un troncamento diverso: è caduta un'intera sillaba e, come dicevo, quello che resta finisce in vocale.

E con *po'* l'accento è sbagliato e l'apostrofo obbligatorio. Attenti alla prossima frase."

Forse perché tutti hanno appena visto la sorte toccata a Sara, nessuno ha il coraggio di alzare una mano e fare la scelta. L'astronauta frena bruscamente, inserisce la retromarcia e si ferma davanti ai due cartelli.

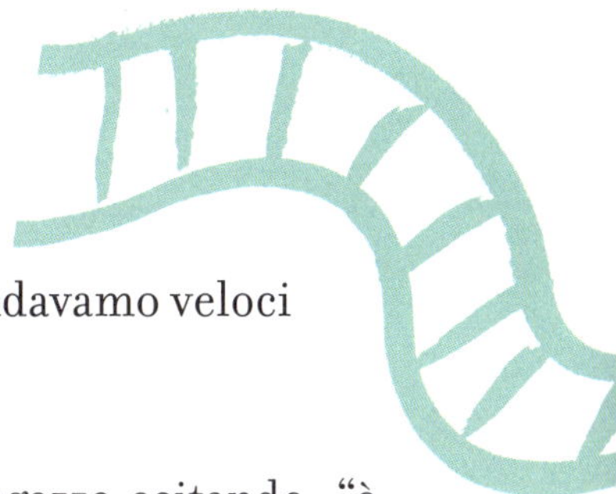

"Vorreste dirmi che nessuno sa qual è la forma giusta?"
"Ehm," mormora Francesco. "Andavamo veloci e non si leggeva bene."
"Adesso siamo fermi..."
"La forma giusta," risponde il ragazzo esitando, "è quella... senza apostrofo?"
"E perché, secondo te?"
"Be', *non centra*, nel senso che non centra il bersaglio."
"Quindi qui si userebbe il verbo *centrare*?"
"Be', sì," risponde Francesco, che comincia ad avere qualche dubbio.
"NO!" gracchia l'astronauta dall'altoparlante del suo casco. "*Non c'entra*, con l'apostrofo, perché vuol dire

‘non ci entra’, ‘non ci sta nella discussione’, ‘non ha niente a che vedere’. E dunque l’infinito è *entrarci*, non *centrare*. Chiaro?”

“Ah, adesso ho capito,” dice Francesco, illuminandosi.

“Troppo tardi” fa l’astronauta. Preme un pulsante, e il seggiolino di Francesco, con Francesco sopra, saldamente fissato con le cinture di sicurezza, viene sparato a razzo verso il cielo. I ragazzi seguono affascinati la sua traiettoria. Quando smette di salire, si apre un paracadute, e comincia a scendere dondolando dolcemente.

7. NELLA SALA MENSA

La sera, dopo essersi rinfrescati e aver sistemato le loro cose nelle camerate che li ospitano, i ragazzi del gruppo di Clara e Luca raggiungono la sala mensa e si siedono al tavolo preparato per loro. Notano che ci sono tre posti vuoti, e subito pensano ai tre compagni che hanno avuto la sfortuna di sbagliare le risposte. Mentre nella sala si diffonde un profumo di lasagne al forno, dalla porta entrano Stefano, Sara e Francesco. Non sembrano particolarmente ammaccati, anzi sono freschi e sorridenti.

"Ragazzi," comincia Stefano, "quando si è aperta la botola, sono atterrato su una specie di carrello da miniera. Era tutto imbottito, e il carrello ha cominciato a scendere, sempre più veloce, giù giù, sottoterra. Pareva di stare in un videogioco, o in un film. A un certo punto ho pensato: adesso arrivo al centro della Terra. Invece ho visto in lontananza una luce che diventava sempre più grande, e quando sono sbucato all'aperto, le rotaie sono finite e sotto c'era un'enorme piscina. Ho fatto un tuffo spettacolare."

"Quando sono stato sparato via sul seggiolino mi sono spaventato, ma scendere con il paracadute è stupendo," dice Francesco.

"Io invece sono atterrata a tutta velocità su una specie di binario," racconta Sara, "e il carrello è andato ad agganciarsi a un altro trenino, formato dai carrelli dei ragazzi che, come me, dovevano aver sbagliato una risposta. Il trenino è partito e dopo un lungo giro abbiamo recuperato anche Stefano e Francesco e ci hanno riportato tutti qui."

"Speriamo di sbagliare anche noi," commenta Luca. "Così facciamo qualche bel volo."

"Clara," interviene Stefano, "ho trovato un foglio, attaccato al mio armadietto. C'è scritto che devo farmi spiegare da te tutto quello che avete imparato sugli accenti e gli apostrofi."

Clara alza gli occhi al cielo. "D'accordo. Prima però mangiamo le lasagne."

8. IL LANCIO DELLE DOPPIE

La mattina dopo, i ragazzi si radunano in quello che ha tutto l'aspetto di un villaggio del West. "Conoscete quel tipico gioco da cowboy in cui bisogna lanciare dei ferri di cavallo e agganciarli a un piolo?" Il cowboy che ha fatto la domanda ha in testa un cappello che, insieme alla folta barba bionda, quasi gli nasconde il volto, e porta una camicia a quadri, pantaloni in pelle con un cinturone a cui sono appese due pistole e stivali a punta con speroni dorati che luccicano al sole. "No? Ma a che giochi giocate, voi ragazzi moderni? Comunque, il gioco che faremo adesso è più o meno quello, solo che invece dei ferri di cavallo bisogna lanciare lettere. Guardate i primi bersagli."

Il cowboy indica tre tabelloni, su cui ci sono parole e pioli.

"In queste parole sono saltate delle doppie. Qui abbiamo una cesta piena di belle lettere di metallo cromato. Lanciate quelle che mancano. Chi vuole provare?"

Si fa avanti una ragazza minuta, con le trecce castane. La targhetta dice che si chiama Agata. Si riempie le mani di lettere e, una dopo l'altra, le lancia verso i tabelloni. Alla fine nessun piolo resta libero, e le parole sono diventate *leggittimo*, *leggibbile* e *possibbile*.

Il cowboy estrae le sue pistole e comincia a farle roteare nelle mani. "Ehi, Agata, complimenti per la mira: non è caduta nemmeno una lettera. Però non posso farti i complimenti per l'ortografia. Gli aggettivi che finiscono in *-bile* non hanno MAI la doppia *b*. E *legittimo* si scrive con una sola *g*." Quasi senza guardare, il cowboy spara verso i cartelli e colpisce tre pulsanti che mettono in azione i pioli a cui sono appese le doppie sbagliate. I pioli, ruotando velocemente, scagliano lontano le lettere di troppo, che tornano come boomerang verso Agata. Le *b* si appendono alle orecchie, la *g* al naso.

"Vediamo se riusciamo a fare di meglio. Guardate queste parole. Al posto del punto interrogativo ci va una zeta o una doppia zeta? Chi vuole provare?"

Si fa avanti un ragazzo piuttosto robusto che si chiama Nicola. Sceglie le lettere e le scaglia con precisione verso i pioli.
Il cowboy esplode in una specie di ululato. "*Eccezzionale promozzione*? Come ti è venuto in mente? Dovrei farti fare il ballo dell'orso!"
"Era scritto così su una bancarella del mercato..." balbetta Nicola.
"Se i vigili se ne fossero accorti, avrebbero dato una multa al negoziante! Le parole che finiscono in *-zione* e i loro derivati non hanno MAI la doppia z prima della *i*. *Eccezionale promozione*! Non so perché, ma mi sento così buono che ti offro un'altra possibilità. Nicola, sistema le doppie di queste parole."

Nicola resta qualche secondo fermo a pensare, e poi decide di lanciare solo una *r* e una *z*: *caroziere* diventa *carroziere*, e *scorazare scorazzare*.

"Tutto qua?" grida il cowboy, che poi getta per terra il cappello e comincia a saltarci sopra, come aveva fatto Indiana. "E le altre tre *z*?"

"No," fa Nicola, con l'aria di quello che è troppo furbo per cadere in un trabocchetto. "Prima della *i* seguita da una vocale, non c'è mai la doppia *z*. L'hai appena detto anche tu."

"Io? Io ho detto solo che con *-zione* non c'è mai la doppia *z*. Ma in queste parole c'è eccome. Quelle che finiscono in *-iere* sono nomi che indicano un mestiere. Il corazziere è un soldato che porta la corazza. In *corazza* c'è la doppia *z*, no? Allora rimane anche quando si aggiunge *-iere*: *corazziere*. E lo stesso vale per *carrozziere*, che viene da *carrozza*. *Tappezziere*, poi, viene dal verbo *tappezzare*, che oltre alla doppia *z* ha anche la doppia *p*, perché è imparentato con *tappeto*. Insomma, per sapere come si scrive una parola, bisogna riflettere sul suo significato, e sulle parole da cui deriva. Per esempio, da dove viene *scorrazzare*?"

"Da *corazza*?" butta lì Nicola.

"No, no e poi no! Da *correre*. Vuol dire 'correre qua e là'. Quindi doppia *z* e doppia *r*: *scorrazzare*."

Il cowboy colpisce con un pugno un grosso pulsante rosso. Le due *z* che Nicola ancora stringe in pugno partono a tutta velocità verso i cartelli, come se fossero spinte da minuscoli razzi, e si trascinano dietro il ragazzo. Le lettere mancanti le getta distrattamente il cowboy, che nemmeno si volta a guardare il risultato.

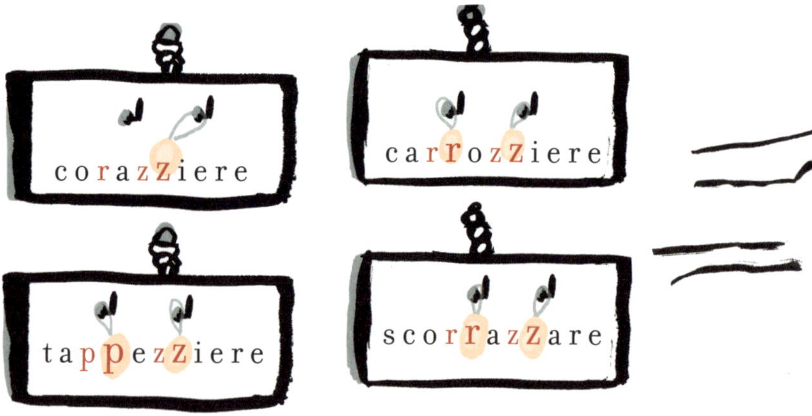

"Allora, avete capito? Per non sbagliare, pensate al significato di una parola. Si scrive *accelerare* o *accellerare*? Il verbo viene dall'aggettivo *celere*, che ha una sola *l*: quindi *accelerare*. *Essiccare* o *essicare*? Viene da *secco*, quindi doppia *c*: *essiccare*."

"Ma..." È Clara che ha alzato la mano. "*Legittimo* viene da *legge*, vero? E legge ha due *g*. Allora perché *legittimo* ne ha una sola?"

"Ottima domanda, Clara. Devi sapere che in latino, la principale lingua da cui deriva l'italiano, *legge* aveva una sola *g*: *legem*. La seconda *g* l'ha ottenuta nel passaggio all'italiano. L'aggettivo *legitimus*, da cui deriva *legittimo*, ha acquistato una *t*, ma ha mantenuto l'unica *g* che aveva in latino."
"Ma la lingua italiana è piena di trabocchetti."

"Be', ce n'è qualcuno qua e là, come a Grammaland. Comunque, vi raccomando una cosa fondamentale: ogni volta che avete dubbi, andate a prendere il vocabolario. O almeno, se scrivete al computer, tenete d'occhio il correttore ortografico. Non troverà tutti gli errori, ma se vi sottolinea in rosso una parola, molto probabilmente sarà sbagliata."

9. IL PARCO ACQUATICO DELLA Q

"Ed eccovi finalmente nel Regno della Q," dice un bagnino con berretto a visiera, grossi occhiali da sole, calzoncini rossi e canottiera bianca su cui spicca una grossa Q. "C'è un sacco d'acqua, nel Regno della Q, dato che l'acqua è fatta per un quinto di *q*. E la *q* è pericolosa: diciamo che è pericolosa come un sesto di squalo... Ah: ho il dovere di avvertirvi che qui da noi c'è anche uno squalo, naturalmente."

I ragazzi si trovano sul bordo di un'enorme piscina, o forse di uno stagno, con grandi ninfee che galleggiano sull'acqua. Il bagnino è seduto in cima al suo seggiolone, e ogni tanto controlla con il binocolo lo specchio d'acqua, magari per avvistare la pinna di uno squalo.

"Come sapete di sicuro," comincia il bagnino, "in italiano la *q* è sempre seguita da una *u* e da un'altra vocale. E su quella *u* non può mai cadere l'accento, e non può essere pronunciata da sola. Per esempio, la parola *cui* non potrebbe mai essere scritta con la *q*, se no diventerebbe *qui*."

"Mi pare logico, e mi pare anche di averla già sentita," dice Clara.

“Già: quella nota del professor Mangiafuoco, nel Tirassegno dell’Accento. Chiederò di toglierla, altrimenti sembra che ripeto le cose... Comunque il problema è un altro: è che certe parole potrebbero essere scritte con la *q*, con la *c* e anche con *cq*, e se sbagliate lettera fate un erroraccio di ortografia. Per esempio, queste tre forme si pronunciano allo stesso modo, ma una sola è giusta. Quale?”
Il bagnino tira tre ciambelle salvagente.

“Mettetevi vicino al salvagente giusto.” I ragazzi si dividono in tre parti più o meno uguali. “Cominciamo bene,” sospira il bagnino, e tira due freccette, che bucano le ciambelle con le risposte sbagliate.

“*Acquistare* si scrive con il *cq*. E naturalmente con il *cq* si scrivono *acqua* e i suoi tanti derivati, da *subacqueo* a *risciacquare*, da *acquatico* a *scialacquare*. Adesso però facciamo un gioco. Avrete visto le ninfee che galleggiano qui davanti. Ma non so se avete notato che le ninfee formano una specie di percorso per attraversare lo stagno, e su ciascuna c’è scritta una parola. Le ninfee con le parole giuste reggono il vostro peso, quelle con la parola sbagliata no, e vi fanno cadere in acqua.”

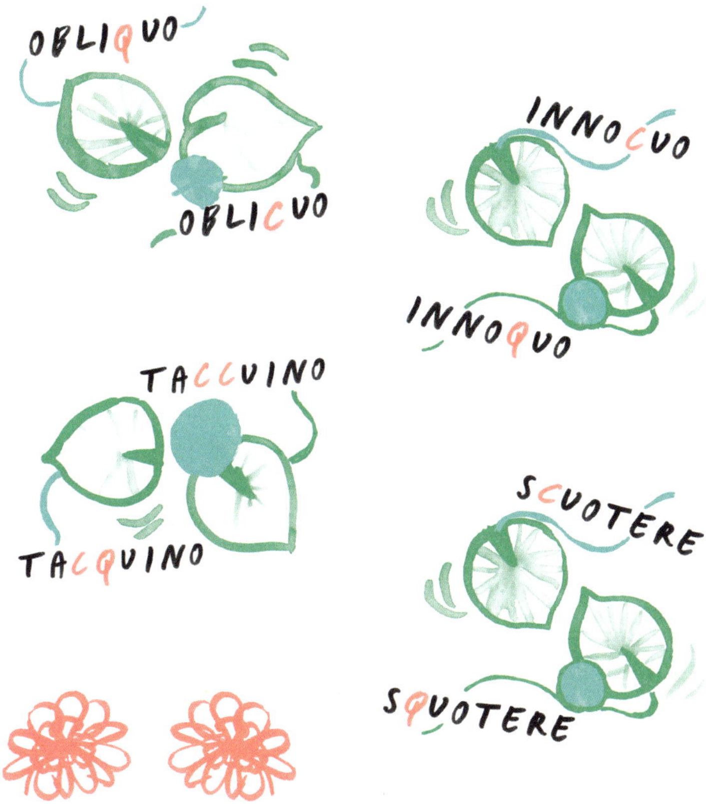

“Allora, chi comincia? Coraggio, non avrete paura di un bagno nello stagno dello squalo, vero?”
Uno alla volta, i ragazzi si avventurano sulle ninfee. Alcuni avanzano, altri affondano, altri si fermano a metà, indecisi.
“Ehi, adesso devo scegliere tra *tacque* o *taque*,” dice Angela, in piedi sulla ninfea dove c’è la parola *Pasqua*. “Che roba è? Una parola spagnola?”
“Mia cara bestiolina, hai mai sentito parlare dei passati remoti?” dice il bagnino parlando in un megafono. “Be’, ne farai indigestione nell’Inferno dei Verbi Irregolari. Comunque adesso vedi di scegliere la forma giusta, altrimenti finisci in acqua, e secondo me lo squalo oggi ha molto appetito.”
Alla fine, ecco come vanno le cose nel parco acquatico.

PASCUA
PASQUA
TAQUE
TACQUE
FREQUENTE
FRECUENTE
PROFICUO
PROFIQUO
AQUILA
ACQUILA

“Attenti, ragazzi: sta arrivando lo squalo!”

10. È UNA VERGOGNA!

"È una vergogna!" esclama Agata entrando nella camerata delle ragazze. È riuscita a togliersi la *g* dal naso, ma ha ancora due grosse *b* agganciate alle orecchie. "Non hanno il diritto di prenderci in giro così. Qualcuno mi aiuta a liberarmi da questi affari?"

"Ho i vestiti fradici e l'acqua che mi esce dalle scarpe da ginnastica," strepita Angela. "E tutto perché invece di saltare sulla ninfea di *tacque* sono andata su *taque*. Cosa me ne importa di sapere il passato remoto di *tacere*? Non lo userò mai!"

Nella camerata dei ragazzi, Fabio mostra il buco che ha nella maglietta. "Ma lo squalo era finto? Quando mi inseguiva, sembrava proprio vero. Chissà come hanno fatto a costruirlo. È forte, questo posto."

11. LA GIUNGLA DELLA I

La mattina seguente, i ragazzi si aggirano in quella che sembra una foresta. In mezzo agli alberi spiccano strani pali, che a uno sguardo più attento si rivelano essere delle enormi I maiuscole.

All'improvviso piomba dall'alto, appeso a una liana, un tizio con lunghi capelli castani, vestito con una pelle di leone.

"Non preoccupatevi," dice quella specie di Tarzan notando gli sguardi dei ragazzi. "È una finta pelle di leone. Per realizzare Grammaland non è stato torto un capello, anzi un pelo, a nessun animale. Allora, cari ragazzi: benvenuti nella Giungla della I. È un posto pieno di insidie, ma insieme vedremo di venirne fuori sani e salvi. Avanti, prendiamo questo sentiero."

Seguendo il giovane Tarzan, i ragazzi si addentrano nella foresta e sbucano in una radura, dove spicca un tabellone di legno.

COSA C'È CHE NON VA?

Chevin ha dichiarato che, pur di conquistare Manola, *bacierebbe* un rospo, *assaggierebbe* le lumache e *brucerebbe* la sua raccolta completa di figurine dei calciatori.

"Ma Manola è quella di *Molto più che amici*, e Chevin quello di *Enorme Cugino*?" chiede Clara.
"Non ne ho idea," risponde il giovane Tarzan. "Cosa sono, due reality? Non riesco mai a guardare la tv, qui nella foresta di Grammaland il segnale è troppo disturbato. Ma al di là di quello che c'è scritto, mi interessa come è scritto. C'è qualcosa che non va, in qualcuna delle parole in rosso?"
È Elisabetta a fare un passo avanti, in mezzo a un intrico di liane. "Io metterei una *i* anche a *brucerebbe*: *brucierebbe*."
"E perché?" domanda Tarzan.
"Be', per scriverlo come gli altri. In fondo, *baciare*, *assaggiare* e *bruciare* hanno tutti una *i*."
Una liana avvolge come un serpente i piedi di Elisabetta, li stringe in un cappio e solleva di scatto la ragazza, che si ritrova a testa in giù, a mezz'altezza, appesa a un ramo.
"Ehi, aiuto! È un modo per farmi capire che ho sbagliato la risposta? Tiratemi giù!"
"Calma, calma. Prima devo spiegarti un paio di cose. Intanto, è vero che *baciare*, *assaggiare* e *bruciare* hanno una *i*. Ma quando pronunci quei verbi, senti per caso il suono di una *i*? No, perché la *i* serve solo a ottenere il suono dolce della *c*. Senza, *bruciare* diventerebbe *brucare*: è una bella differenza, eh?"
"Aiuto! Tiratemi giù! È una tortura!" grida Elisabetta, dimenandosi a testa in giù.
"Davanti alla *a* e alla *o* (e anche alla *u*,

ma qui non ci interessa)," continua Tarzan, senza badare agli strilli, "la *c* in italiano ha un suono duro. Per questo, siccome in quei verbi e in tanti altri il suono è quello della *c* dolce, tutte le volte che questa *c* incontra, nella coniugazione, una *o* o una *a*, si inserisce una *i*: *brucio*, *bruciavo*. Ma con le desinenze che hanno la *e* – quelle del futuro e del condizionale: *brucerò*, *bacerei* – la *i* non serve: davanti alla *e*, infatti, la *c* ha già di suo il suono dolce. Lo stesso vale anche per i verbi con la *g*, come *assaggiare* o *mangiare*. (Invece i verbi con la *c* dura, come *brucare*, hanno il problema opposto: prima delle desinenze con la *e* devono per forza inserire una *h*, per mantenere il suono duro: *brucherò*, *brucherei*.) Ecco perché sono sbagliate le *i* in *bacerebbe*, *assaggerebbe* o *brucerò*. Chiaro?"

"Chiaro, chiarissimo. Ogni volta che ci capita di scrivere *cie* o *gie*, dobbiamo subito cancellare quella *i*, dato che *ce* e *ge* hanno già il suono dolce. Ma adesso mettimi giù che mi va il sangue alla testa."

"Ehi, un momento: la mia spiegazione vale per le forme verbali che abbiamo visto. Purtroppo in italiano ci sono molti casi in cui è obbligatorio mantenere la *i* in parole che hanno il gruppo *cie* o *gie*, anche se quella *i* non si pronuncia."

"Ma come, mi pareva di aver capito..."

"Dài, ti tiro giù. Venite tutti più avanti. Andiamo a leggere quel cartello."

I ragazzi si addentrano con Tarzan nella giungla. Accanto al sentiero c'è un grosso tabellone. "Osservate le sillabe scritte in rosso. Dove bisogna inserire una *i*?"

CON LA *I* O SENZA *I*?

Durante il viaggio nella Repubblica Ceca, il celo era celeste, il sole accecante, e io mi sono ritrovato in un vicolo ceco.

È uno scenziato molto socevole, efficente e coscenzioso, ha grandi conoscenze, fa molta beneficenza e ha ricevuto importanti onorificenze.

Nessun pasticcere sarebbe così incoscente da non rispettare le norme igeniche nella sua pasticceria.

Il compito è sufficente ma non è soddisfacente.

"Chi vuole cominciare a infilare le *i*? Luca?"
"Ma io non ho alzato la mano," protesta Luca.
"Ma avresti voluto farlo, lo so. Ti leggo nel pensiero. Allora: nella prima frase, quali parole vogliono la *i*?"
"Di sicuro *cielo* e *cieco*."
"Be', se eravamo nella Repubblica Ceca, il vicolo era sicuramente ceco, senza *i*. Ah ah ah." Visto che nessuno ride, Tarzan torna subito serio e spiega: "Era solo una battuta: un vicolo senza uscita è *cieco*, con la *i*. Quindi la risposta è esatta. E nessuno sbaglierà a scrivere *cielo* e *cieco*, no?".
"Ma *celeste* e *accecante* derivano da *cielo* e *cieco*, no?" chiede Clara.
"Sì, certo."
"E la *i* ci vuole o no?"
"No. Prima di tutto perché, come vedete, cambia l'accento, che non cade più sulla sillaba con *cie/ce*, ma su quella seguente: e le vocali doppie (un dittongo, cioè due vocali pronunciate insieme) di solito ci sono solo nelle sillabe accentate. E poi perché oggi per i derivati di *cieco*, come il verbo *accecare*, si preferiscono le forme semplici, con il solo *ce*, anche quando l'accento cade su quella sillaba, come in 'io *acceco*'. Chi vuole mettere le *i* nella seconda frase?"
Si fa avanti Elisabetta, che nonostante la fresca esperienza con la liana ha il gusto del rischio.
"Ci vuole la *i* dappertutto, tranne che in *scenziato* e *coscenzioso*, perché derivano da *scienza* e *coscienza*, che dovrebbero avere la *i*, mi pare, ma siccome l'ac-

cento si sposta e oggi si preferiscono le forme semplici, fanno senza."

"Attenta!" grida Clara, ma è troppo tardi: un'altra liana si è arrotolata attorno alle caviglie di Elisabetta, che è di nuovo appesa a testa in giù.

"Purtroppo i derivati di *scienza* e *coscienza*, che in effetti si scrivono con la *i*, mantengono la *i*," spiega Tarzan. "Quindi le forme giuste sono *scienziato* e *coscienzioso*."

"Non è giusto! È uno schifoso trabocchetto!"

"Ragazzi, ve l'ho detto fin dall'inizio che questa è una giungla, no? Comunque Elisabetta non è stata appesa a testa in giù solo per questo errore. Quali sono gli altri?"

"Be', *conoscenze* va bene senza *i*, no?" dice Stefano, e intanto controlla che per terra non ci sia qualche botola pronta a spalancarsi sotto i suoi piedi.

"Giusto. E poi?"

"Cos'altro ho sbagliato?" sospira Elisabetta, ormai rassegnata alla sua scomoda posizione.

"*Beneficenza* e *onorificenze*: senza *i*" spiega Tarzan. "Però *efficiente* e *socievole*, che deriva da *società*, con la *i*, li avevi azzeccati."

"Meno male. Se azzecco le altre parole mi tiri giù?"

"Sentiamo."

"*Incosciente* vuole la *i*, perché viene da *coscienza*. Anche *igieniche* e *sufficiente*. Invece *soddisfacente* no. Su *pasticcere* e *pasticceria* sono incerta."

"Molto bene. Vediamo di risolvere quest'ultimo dubbio. Intanto ti faccio scendere."

Tarzan guida la comitiva verso un'altra radura dove stavolta ci sono due cartelli distinti. "Guardate queste due liste di nomi. Come li scrivereste, con la *i* o senza? Pensateci, e poi ognuno si metta vicino al cartello con le forme che gli sembrano corrette."

pasticcere	pasticciere
arcere	arciere
uscere	usciere
bracere	braciere
crocera	crociera

I ragazzi si dividono più o meno in parti uguali. Ma chi ha scelto il cartello di sinistra comincia a sprofondare lentamente nelle sabbie mobili.
"Aiuto! Come si fa a uscire di qua? Buttate delle corde!"
"Calma. Non penserete che a Grammaland facciamo rischiare la vita ai nostri riveriti ospiti, no? Adesso vi tiriamo fuori. Prima però vi spiego perché queste parole vogliono la *i*. Vedete che quelle del cartello di destra finiscono tutte in *-iere*? Si tratta di un suf-

fisso, cioè di lettere che si attaccano alla fine di una parola e hanno un particolare significato. Il suffisso *-iere* si usa per indicare un mestiere (per esempio, il *tappezziere* che avrete già incontrato, immagino) o, per i nomi di cosa, una funzione o un contenitore (pensate a *candeliere*). Allora, proprio perché ogni suffisso ha un particolare significato, va mantenuto sempre intero, *i* compresa, anche quando incontra una *c* dolce. Così la *i* non si sente, ma bisogna scriverla."

"Aiuto!" gridano i ragazzi attorno al cartello sbagliato. "Ormai siamo affondati fin quasi al sedere!"

"C'è un'importante eccezione a questa regola," continua imperturbabile Tarzan. "*Ingegnere*, che anche se indica un mestiere non vuole la *i*. E aggiungo che i vocabolari sono di manica larga, e ammettono anche *pasticcere* senza *i*. Ma secondo me quella *i* è meglio scriverla."

"E *pasticceria*?" chiede Elisabetta, che alla fine aveva scelto il cartello di destra, e osserva preoccupata i compagni meno bravi o fortunati di lei.

"È una parola formata con il suffisso *-eria*, che indica il luogo dove si fa o si vende qualcosa. Non c'è una *i* prima della *e*, dunque è obbligatorio scrivere *pasticceria*, *camiceria*, *rosticceria*, *orologeria*, senza *i*."

Tarzan dà un'occhiata alle sabbie mobili e decide che può proseguire con la spiegazione.

"L'esempio di questi suffissi ci serve per decidere cosa fare in un altro caso spinoso. Secondo voi, bisogna scrivere noi *segniamo*, con la *i*, o noi *segnamo*, senza?"
"Sicuramente senza!" dice Alberto. "È dalle elementari che ci martellano dicendo che è un erroraccio mettere una *i* dopo il *gn*: *gnomo*, *gnocco*, *campagna*, *ognuno*, *agnello*, tutte parole senza *i*. Adesso però tiraci fuori. Il gioco è bello quando è corto!"
"Sbagliato. Cioè: *gnomo*, *gnocco* e così via la *i* non la vogliono, ma *segniamo* sì, perché la *i* fa parte della desinenza del verbo. Si dice noi *am-iamo*, noi *torn-iamo*, no? Mica noi *amamo* e noi *tornamo*. E pensate, se scrivete: 'È necessario che *accompagnate* a casa la nonna' senza la *i*, date l'impressione di non sapere quando va usato il congiuntivo."
"Perché, con *è necessario* bisogna usare il congiuntivo?" chiede Elisabetta.
"Che cos'è il congiuntivo?" aggiunge Alberto.
"Santa pazienza. Dovrei torturarvi, ma lascerò questo piacere al feroce Congiuntivik. Comunque, pensate alla frase con un altro verbo. Non potreste mai dire: 'È necessario che *andate* a casa' senza *i*, perché alla seconda persona plurale *-ate* è la desinenza del presente indicativo, e *-iate* quella del congiuntivo. Se saltate la *i*, *andiate* o *accompagniate* diventano indicativi. E qui, come vi spiegherà Congiuntivik, chi conosce l'italiano deve usare il congiuntivo."
"D'accordo, ci impegniamo a non dimenticare mai questa regola, ma adesso tiraci fuori. Pietà!"

Tarzan sospira. Dagli alberi calano alcune liane che afferrano sotto le spalle i ragazzi intrappolati, li sollevano e li depositano, infangati fin quasi al mento, sul terreno solido.
"Ma guarda se è la maniera di trattarci," borbotta Agata. "Guarda come siamo conciati."
"Molto bene, ragazzi," annuncia Tarzan. "Con la Giungla della I abbiamo finito. Andate a farvi una bella doccia."
Mentre si avviano verso l'uscita, Clara si avvicina a Tarzan e gli fa una domanda che le gira in mente da un po'. "Perché *proficuo* e *obliquo*, che si pronunciano allo stesso modo, si scrivono in maniera diversa? Perché *scienza* vuole la *i* e *conoscenza* no? Non è logico. Non si potrebbe semplificare?"
"Uhm. Bella domanda," comincia Tarzan, che poi si tasta la finta pelle di leone, trova una tasca e dentro un foglietto che porge a Clara. "Leggi qua. È un po' complicato, ma trovi una risposta."
Sul foglietto c'è un'altra nota del professor Mangiafuoco.

Le note
del prof. Mangiafuoco

Perché parole simili si scrivono in maniera diversa? Perché bisogna risalire alle origini. Molte parole italiane derivano dal latino, e in latino *proficuus* è scritto con la *c* e *obliquus* con la *q*; *cognoscentia* viene dal verbo *cognoscere* (conoscere), mentre *scientia* dal verbo *scire* (sapere), che ha la *i* nella coniugazione (il participio presente, per esempio, fa *sciens*; lo stesso vale per il derivato *conscientia*, da *conscire*). *Beneficenza* deriva dall'aggettivo *beneficus* (benefico) e *onorificenza* da *honorificus* (onorifico), con l'aggiunta dello stesso suffisso -*entia* (che in italiano è diventato -*enza*); invece nel caso di *sufficienza* o *efficienza*, il suffisso si attacca ai participi, *sufficiens* ed *efficiens*, dove c'è già la *i*, che rimane. Le parole italiane *società*, *specie* e *superficie* si scrivono così perché le loro antenate latine *societas*, *species* e *superficies* avevano la *i* in quelle sillabe.
Ma basta con questo latinorum, direte voi. Non possiamo semplificare e, dato che quelle *i* in italiano non si pronunciano (in latino sì), eliminarle? Chi decide le regole della grammatica? Le regole le decide l'uso, e l'uso attuale, quello registrato dai vocabolari, continua a stabilire che *efficienza* va scritto con la *i* e *beneficenza* no. Converrà tenerlo a mente. Nel dubbio: aprite il vocabolario.

12. UN POSTO TROPPO PERICOLOSO

La sera, i ragazzi rimasti intrappolati nelle sabbie mobili si presentano in ritardo a cena: hanno passato un sacco di tempo nelle docce a ripulirsi.

"Sembravo una scarpa da calcio dopo un allenamento di novembre," dice Luca. "Completamente ricoperto di terra."

"Quando racconterò a casa quello che ci hanno fatto, i miei denunceranno Mangiafuoco e i suoi aiutanti," si lamenta Alberto. "Questo posto è troppo pericoloso."

“Secondo me, sembra pericoloso, ma in realtà hanno preso tutte le precauzioni. Altrimenti non avrebbero avuto il permesso di aprire, e le scuole non manderebbero qui i loro alunni.”
“Ma avevo il fango fin nelle mutande!” grida Alberto.
“Non è una cosa igienica!”
“Con la *i* o senza?”
“Con, con, con.”
“Ma lo denunceranno?”
“No. *Denunceranno* senza *i*.”

13. I PLURALI NEL LABIRINTO DEGLI SPECCHI

Dopo la faticosa giornata nella Giungla della I, i ragazzi hanno avuto una mattina di libertà. Alcuni hanno preso il sole e si sono tuffati dagli scivoli nella piscina di Grammaland (senza ninfee e squali), altri hanno fatto pazze corse sugli ottovolanti senza dover rispondere a domande trabocchetto.
Nel pomeriggio, l'appuntamento è nel grande padiglione del Labirinto degli Specchi. Appena entrati, con il sole di giugno ancora negli occhi, i ragazzi si ritrovano in un'oscurità quasi assoluta, e avanzano a tentoni. Quando cominciano ad abituarsi al buio, si accende un faro che illumina dall'alto un uomo elegantissimo, in frac, con una camicia bianca come il farfallino e i guanti, cappello a cilindro, monocolo e baffetti. In mano ha un lungo bastone nero che finisce con un pomo d'avorio. E, allo stesso tempo, compaiono infiniti uomini in frac, riflessi dagli specchi che coprono, a varie angolazioni, le pareti della sala.
"Benvenuti nel Labirinto degli Specchi. E dei Plurali," li saluta l'uomo con una voce che rimbomba tra gli specchi. "Io sono un mago e prestigita... prestidita... prestidigito... Insomma, chiamatemi mago e basta.

Siamo qui per parlare di quei plurali che ci fanno venire i dubbi. Per esempio," dice il mago estraendo dal bastone una lunga freccia e conficcandola sul pavimento di legno davanti a sé, "tutte queste cose che vedete negli specchi, sono *frecce* senza *i* o *freccie* con la *i*?"
"Insomma, basta con queste maledette *i*!" grida Elisabetta. "Le odio, odio, odio!" Si guarda intorno per controllare che non ci sia qualche liana pronta ad afferrarla per le caviglie.
"Perché guardi preoccupata per terra, Elisabetta?" chiede il mago. "Non siamo mica nella Fossa dei Serpenti. A proposito, qual è il plurale di *biscia*: *bisce* o *biscie*?"

"Aiuto!" grida Elisabetta. "Muoio di paura solo a sentirle nominare!"
"In effetti, le *i* sono pericolose," continua il mago, e intanto allunga una mano verso l'orecchio di Elisabetta, che si sente paralizzare dal terrore: non vorrà mica tirarle fuori con un gioco di prestigio una biscia da dietro la schiena?
Quando vede cosa c'è nella mano del mago, Elisabetta tira un sospiro di sollievo: una magnifica ciliegia, che si riflette moltiplicata negli specchi.

"E queste cosa sono: *ciliegie* o *ciliege*?"
"*Freccie*, *biscie*, *ciliegie*, tutte con la *i*!" grida qualcuno.
"*Frecce*, *bisce*, *ciliege*, tutte senza *i*!" gridano altri.
"E *valigie* o *valige*, *frangie* o *frange*, *grattugie* o *grattuge*,

lancie o *lance*?" continua il mago facendo comparire gli oggetti dalle tasche dei ragazzi o dal buio alle loro spalle. "Per togliere i dubbi ci vuole una nota del professor Mangiafuoco." A quelle parole, uno specchio si rivela essere uno schermo video, su cui compare questa scritta:

Le note
del prof. Mangiafuoco

Qual è il trucco per non sbagliare i plurali dei nomi e degli aggettivi che finiscono in *-cia* e *-gia* (senza l'accento sulla *i*)? È una regola pratica. Se prima di *-cia* o *-gia* c'è una vocale, il plurale mantiene la *i*: *camicie*, *grigie*, *malvagie*. Se prima di *-cia* o *-gia* c'è una consonante, il plurale è senza la *i*: *facce*, *torce*, *bisce*, *frange*.

"Quindi, *strisce* e *camicie*, *frange* e *grattugie*," riprende il mago. "Ma se non vi resta in mente la faccenda della consonante e della vocale prima di *-cia* e *-gia*, potete toglierví dai guai peggiori usando in tutti i casi le forme senza la *i*. Per sostantivi come *ciliegia* e *valigia* o aggettivi come *grigia* e *malvagia*, i dizionari ammettono i plurali con o senza *i*, anche perché l'italiano sta andando comunque verso la semplificazione, e tende a eliminare la *i* quando non serve alla pronuncia o a comunicare un particolare significato (come accade invece per i suffissi in *-iere* e le desinenze in *-iamo* e *-iate*); ma *facce*, *strisce*, *bisce* e *frange* sarebbero inguardabili con la *i*. Quindi, per stare sul sicuro, usate sempre le forme in *-ce* e *-ge*. Con poche eccezioni, per esempio quando c'è la possibilità di fraintendere. Una di queste la conoscete di sicuro, anche perché l'ho appena citata."

Nessun ragazzo apre bocca. Perciò il mago è costretto a rispondere da sé. "*Camicie*. Se scrivessimo *camice*, leggeremmo *càmice*, sostantivo maschile singolare. E adesso seguitemi in un'altra sala del Labirinto degli Specchi."

Entrano tutti in un salone al centro del quale ci sono due grossi cassoni che sembrano di marmo decorato. "Uno di questi sepolcri si chiama *sarcofago*. Ma due? Qual è il plurale?"

"*Sarcofagi*" dice Federico.

"*Sarcofaghi*" dice Giorgio.

"La forma più usata è *sarcofagi*, ma *sarcofaghi* non è sbagliato. Adesso chiedo a Federico e Giorgio di aiutarmi nella spiegazione dei plurali delle parole maschili che finiscono in *-co* e *-go*. Potreste sdraiarvi nel sarcofagi? Federico in quello di destra e Giorgio in quello di sinistra."

"Non sono già occupati da qualche scheletro, vero?" chiede Federico, un po' in ansia.
"No: gli scheletri li teniamo tutti nel Tunnel degli Orrori."
Quando i due ragazzi si sono sdraiati e sono scomparsi alla vista degli altri, dal soffitto cala un tabellone luminoso, su cui frullano le lettere formando varie scritte.

Qual è il plurale di
ARCHEOLOGO ?

Il mago dà un colpo di bastone al sarcofago di destra, e Federico si alza in piedi, vestito con calzoni alla zuava e un caschetto in testa, come in una fotografia degli scavi della tomba di Tutankhamon. Vede la domanda e risponde: "*Archeologhi*...?".
Uno sguardo del mago lo fulmina.
"...no, *archeologhi* no: *archeologi*" e torna a sdraiarsi. Sul tabellone è cambiata la parola.

Qual è il plurale di
PSICOLOGO ?

Nuovo colpo di bastone sul sarcofago di destra. Ne esce Federico, adesso con un camice bianco. "Direi *psicologi*" e rientra.

Qual è il plurale di
LOMBRICO ?

Il mago tocca il sarcofago di sinistra. Ne esce Giorgio, che con un urlo getta lontano alcuni vermi che si dimenano sulla sua maglietta.
"Che schifo! Da dove vengono questi *lombrichi*?"
"Risposta esatta," dice il mago. "Rimettiti sdraiato."

Qual è il plurale di
PARROCO ?

Dal sarcofago di destra emerge Federico, vestito con una lunga tonaca nera. "*Parroci*, vero?"

Qual è il plurale di
MANICO ?

Un altro colpo sul sarcofago di destra. Federico, tornato in jeans e maglietta, impugna con aria interrogativa un manico da ombrello. "Be', *manici*."

Qual è il plurale di

CHIRURGO ?

Il mago colpisce il sarcofago di sinistra. Dopo qualche secondo si rialza faticosamente Giorgio. "Ehi, si sta comodi in questo sarcofago imbottito. Mi ero quasi addormentato." Si guarda intorno e capisce di avere indosso un camice, una cuffia e una mascherina verdi, e nelle mani un bisturi e un paio di forbici. La sua immagine, moltiplicata dagli specchi, è abbastanza terrificante, tanto che lui stesso ha un sobbalzo. "Chirur... *Chirurghi*."
"Molto bene," dice il mago e, rivolto a tutti: "Allora, qual è la regola di questi plurali?".
"Che quando la parola esce con Giorgio dal sarcofago di sinistra, il plurale ha la *h*; quando esce con Federico da quello di destra, non ce l'ha!" risponde Luca.
"Brillante osservazione. Purtroppo però non avremo sempre la possibilità di portarci dietro due sarcofagi con Giorgio e Federico dentro per sapere il plurale. Quindi leggete quest'altra nota."

Le note
del prof. Mangiafuoco

Ci sono regole per stabilire se i nomi e gli aggettivi maschili in *-co* e *-go* hanno il plurale con la *h* o senza? Diciamo che: 1) per le parole che finiscono in *-logo*, i nomi che indicano una persona hanno il plurale in *-gi* (*archeologi*), gli aggettivi e i nomi che indicano una cosa hanno il plurale in *-ghi* (*analoghi*, *cataloghi*); 2) nella maggioranza dei casi, le parole sdrucciole (cioè che hanno l'accento sulla terzultima sillaba) in *-co* e *-go* hanno il plurale in *-ci* e *-gi* (*manici*, *stomaci*, *parroci*); tra le eccezioni: *incarichi*, *valichi*, *profughi*; 3) nella maggioranza dei casi, le parole piane (cioè con l'accento sulla penultima sillaba) in *-co* e *-go* hanno il plurale in *-chi* e *-ghi*: *lombrichi*, *intrichi*, *chirurghi*; eccezioni: *amici*, *nemici*, *greci*. A causa delle eccezioni e delle parole (come *sarcofago*) che ammettono entrambi i plurali, ricordate: la cosa migliore, quando avete dubbi, è controllare sul vocabolario.

"Mi sembra che abbiate lo sguardo un po' vitreo, cari ragazzi," riprende il mago. "Ma le cose sono più semplici di come sembrano a prima vista. Molti plurali li sapete già, senza pensarci. Tenete a mente quelli che di solito sbagliate, e ricordatevi di controllare sul dizionario nei casi incerti. E adesso, per finire,

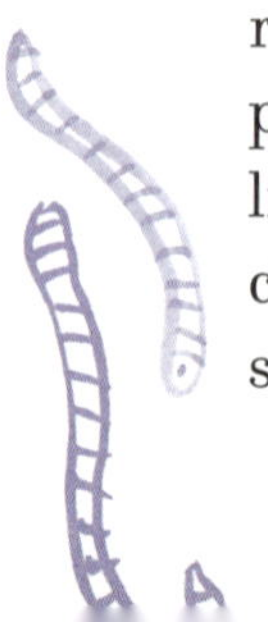

vi racconto una barzelletta su una particolare razza di cani, il pastore belga, e su un signore che ne vuole comprare due ma non è sicuro del plurale. Scrive una e-mail all'allevatore e comincia: 'Gentile signore, vorrei acquistare due pastori *belga*...'. Gli viene un dubbio, e corregge: 'due pastori *belghi*...'. Vede che il correttore gli sottolinea la parola, capisce di aver sbagliato, cancella tutto e scrive: 'Gentile signore, vorrei acquistare un pastore *belga*. Anzi no, due'."

"Ma è vecchia!" dice Elisabetta. "La racconta sempre mio nonno."

"Però è sempre carina," si giustifica il mago. "Comunque, Elisabetta: qual è il plurale di *belga*?"

"Ah, non lo sai? *Belgi*."

14. L'INCONTRO CON IL PROF. MANGIAFUOCO

La sera, alla fine della cena, nella sala mensa entra il professor Mangiafuoco, che finora i ragazzi hanno conosciuto solo attraverso le sue note, sparse fra le attrazioni di Grammaland. È enorme, e il barbone e il cespuglio di capelli neri lo fanno sembrare ancora più imponente.

"Spero che vi stiate divertendo, cari ragazzi," comincia con il suo vocione rimbombante. "Noi di sicuro sì, soprattutto con le sabbie mobili. Ah ah ah." Nessuno si unisce alla sua risata, che tuttavia riempie da sola il salone.
"Noi di Grammaland siamo convinti che certe cose è meglio impararle finché siete ragazzi, altrimenti i dubbi vi inseguiranno anche da adulti." Dopo una pausa, gli occhi di Mangiafuoco mandano un lampo, e ciascuno ha l'impressione di essere il destinatario di quello sguardo penetrante. "E se le regole e i trucchi della grammatica non li imparate adesso, sabato non vi lasceremo andare via. Vi tortureremo tutta l'estate a colpi di esercizi e trabocchetti. Ah ah ah."
I ragazzi non capiscono se la risata significa "Su, sto scherzando, figuriamoci se vi rinchiudo qui", oppure è l'espressione del puro piacere che prova Mangiafuoco al pensiero di avere delle creature da torturare.
"Non è giusto," sussurra Alberto. "È un sequestro di persona! Arriveranno i carabinieri a liberarci, e ad arrestare lui."
"Però io ci starei volentieri un'altra settimana," risponde Luca. "Non nella Giungla della I, ma al Tirassegno dell'Accento o all'Ottovolante dell'Apostrofo sì."

15. L'ACCELERATORE DELLE PARTICELLE

Dall'esterno, il Grande Acceleratore delle Particelle sembra un'enorme ciambella d'acciaio che circonda gran parte di Grammaland. L'interno della ciambella è occupato da un'unica rotaia, su cui è fermo un vagone con una ventina di sedili. Accanto c'è un uomo con un camice bianco, i baffi grigi e una massa di capelli sale e pepe, sparati in tutte le direzioni, come se fosse appena sceso da una corsa alla guida di una macchina scoperta.
"Ehi, sembra quello scienziato pazzo, come si chiama?" sussurra Dorotea ad Agata.
"Einstein," risponde Agata. "Ma mica era pazzo, era un genio."
Einstein non ha intenzione di perdere tempo. "Ragazzi, sapete cos'è un acceleratore di particelle? È un posto dove gli scienziati riescono a far raggiungere alle particelle che formano gli atomi una velocità vicina a quella della luce; a Ginevra, per esempio, in questo modo stanno cercando di studiare la nascita dell'universo. Noi non andremo alla velocità della luce, e le particelle con cui – ehm – ci scontreremo sono paroline piccole e pericolose che usiamo in continuazione. Cerche-

remo di fare qualche utile scoperta anche noi. In carrozza!"

Salgono tutti sul vagone, indossano una visiera e si agganciano alle cinture di sicurezza. Le luci si spengono e nel buio più assoluto il vagone si mette in moto e prende sempre più velocità. In lontananza compaiono piccoli punti splendenti.

Ai ragazzi sembra di attraversare l'infinitamente grande, lo spazio tra le galassie, o l'infinitamente piccolo, i mondi altrettanto misteriosi all'interno degli atomi. Mentre sentono il vento tra i capelli (e capiscono la ragione della pettinatura di Einstein), vedono sfrecciare attorno a sé oggetti che tracciano traiettorie luminose e ogni tanto, scontrandosi, generano esplosioni colorate.

Alcune luci prendono forma: sono piccole parole.

S'incrociano, s'inseguono, si allontanano. Nel blu scuro dello spazio profondo compaiono tre brevi frasi, che sembrano accompagnare la corsa del vagone.

2. Di 28 ce n'è uno.

1. Di 28 c'è n'è uno.

3. Di 28 ce ne uno.

"Allora, ragazzi, quale frase è giusta?" chiede Einstein.
"La terza," risponde Dorotea, mentre il vagone sembra correre a una velocità impensabile in mezzo a stelle e parole.
"Forte," dice Agata. "Sembra di essere al cinema in 3D."
Dorotea sta per parlare quando viene colpita in fronte da un oggetto. "Ehi, ma al cinema mica ti tirano le cose!" dice massaggiandosi la fronte e raccogliendo con l'altra mano l'oggetto che le è rimbalzato addosso. È una palla di gomma su cui è stampato un NE in rosso. "*Ne*, come ho detto io: 'Di 28 ce *ne* uno'."

Una sassaiola di palle di gomma si abbatte su Dorotea.
"Certo che ci vuole un *ne*," dice Einstein. "Ma ci vuole anche un verbo. 'Di 28 ce *ne è* uno', cioè, apostrofato, *ce n'è uno*: la frase giusta è la seconda."
Mentre le frasi precedenti sembrano esplodere in mille pezzi e Dorotea si copre d'istinto la testa, temendo di essere colpita di nuovo, davanti al vagone si profila una nuova scritta.

Della grammatica me ne ha parlato il prof. Mangiafuoco.

"C'è qualcosa di sbagliato in questa frase?" chiede Einstein.
"Forse bisognerebbe scrivere *me n'è ha parlato*?" prova a rispondere Dorotea, ma Agata la blocca e comincia a spiegare a Einstein che la sua amica è ancora sotto shock per la quantità di proiettili che l'hanno colpita poco fa. "Particelle così accelerate possono fare gravi danni..."
"Indubbiamente," conferma Einstein mentre una nuova scarica si abbatte su Dorotea. "Invece secondo te, Agata, dove sta l'errore?"
"Ehm, non sono sicura... Ma forse in questa frase c'è un *ne* di troppo."
"Giusto. Se dicessi: 'So che è importante la grammatica. Me ne ha parlato il professor Mangiafuoco', quel *ne* starebbe al posto di 'di questo'. Quindi, nel caso della nostra frase, è come se dicessimo 'Di grammatica mi ha parlato di questo il professor Mangiafuoco': è una ripetizione pesante e soprattutto inutile. Quindi la frase corretta sarebbe..."
La frase si modifica un attimo prima che il vagone la oltrepassi.

Della grammatica mi ha parlato
il prof. Mangiafuoco.

NE

Scomparso il *ne*, lampeggia in lontananza un *te*.

Vieni anche **TE** al cinema?

"Perché quel *te* è sbagliato?" chiede Einstein.
"Ah, è sbagliato?" si stupisce Fabio. "Dimmelo te, perché per me andava bene."
Dal *te* parte un raggio potentissimo in direzione di Fabio. Dalla sua testa proviene un odore di capelli bruciacchiati. "Ehi, queste particelle scottano!"
"Certo che scottano, quando vengono maltrattate. Chi è il soggetto dell'azione? Chi è che deve andare al cinema?"
"Be', *te*."
"Appunto. E il pronome soggetto di seconda persona singolare è *tu*, non *te*, che invece è il complemento: vengo con *te*, invito anche *te*. C'è un solo modo per esprimere quell'idea."

Vieni anche **TU** al cinema?

"Allora è sbagliato dire, per esempio, '*io* e *te* siamo i più golosi'?" chiede Clara. "Il soggetto di *siamo* è *io* e *te*. Sarebbe giusto *io* e *tu*?"

"Una volta le grammatiche raccomandavano la forma *tu* e *io*, che è correttissima ma molto formale" risponde Einstein. "Quindi continuate pure a dire e scrivere *io* e *te*, che come formula fissa è accettata dall'uso. Ma guai se vi sento dire 'Vieni anche *te*?'."
Anche nella scritta che segue c'è una particella particolarmente evidente.

Se mi capita a tiro **CI** spacco la faccia.

"Cosa c'è di sbagliato?"
"Be', non bisogna spaccare la faccia a nessuno," commenta Stefano. "La violenza non paga e genera altra violenza."
"Sacrosanto. Ma la frase fa violenza anche alla grammatica, non ti pare?"
"Forse sarebbe meglio dire '*gli* spacco la faccia', o magari '*le* spacco la faccia', se si tratta di una ragazza. Ma un gentiluomo non alzerebbe mai un dito contro una donna," conclude Stefano dando un'occhiata a Clara.
"Bravo, finalmente un ragazzo di sani principi," dice Einstein. "Comunque non è che 'sarebbe meglio': quel *ci* è proprio sbagliato. La particella *ci* può voler dire tante cose, ma non 'a lui' o 'a lei'. Ricor-

datevelo. E adesso reggetevi forte perché stiamo per lanciarci nell'accelerazione finale."
Il vagone pare ancora aumentare la propria velocità, o forse sono gli oggetti luminosi che percorrono lo spazio nero a schizzare nella direzione opposta, finché i ragazzi hanno l'impressione di abbattere un muro spazio-temporale e di essere proiettati in un'altra galassia, o magari oltre l'infinito. Si sentono schiacciare contro lo schienale, poi finalmente il vagone decelera fino a fermarsi, mentre si accendono le luci e compare la porta d'uscita.
Sopra c'è un cartello.

Si avvisa i signori passeggeri
che resteranno bloccati qui dentro
finché non correggeranno questa frase.

"Allora, chi vuole proporre una correzione?"
"*Passeggieri* vuole la *i*?" butta lì Nicola.
"Be', cosa c'entra? Non stiamo parlando di particelle? Comunque *passeggeri* è scritto giusto così. Quindi non è quello l'errore."
"Forse bisogna dire: 'Si *avvisano* i signori passeggeri'..." propone Clara. "Con il verbo al plurale."

"Brava Clara," la applaude Einstein. "Sapresti spiegare perché?"
"Be', suona meglio."
"Senza dubbio. In queste frasi, il *si* impersonale di fatto rende passivo un verbo attivo (appunto *avvisa*), e quindi bisogna controllare se il vero soggetto sia singolare o plurale. Qui è plurale: *i signori passeggeri*. Per questo deve andare al plurale anche il verbo."
Le cinture di sicurezza si sganciano, i ragazzi si tolgono le visiere e scendono dal vagone.
"Vi sarete accorti," conclude Einstein "che, con la scusa di parlare di paroline come *ne*, *ci*, *te*, *si*, in realtà abbiamo toccato questioni più complicate. Succede, con la grammatica. Esaminare da vicino qualcosa significa spesso riflettere sulle strutture più generali della lingua, e sul loro funzionamento. Tenetelo a mente, quando uscirete da Grammaland. Ammesso che usciate, naturalmente."

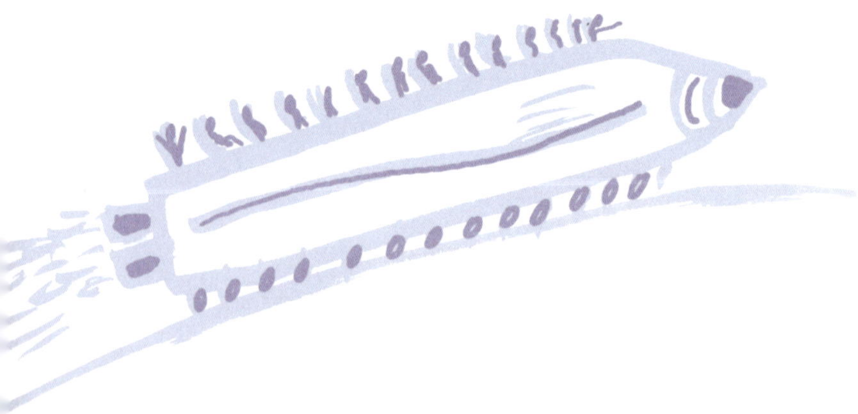

16. LA QUIETE PRIMA DELLA TEMPESTA

Nella camerata delle ragazze si commenta la giornata prima di spegnere la luce. "Niente male l'Acceleratore delle Particelle," comincia Agata. "Ho scoperto che mi piace correre a tutta velocità su questi ottovolanti."

"E anche le palle di gomma che mi hanno tirato addosso erano abbastanza morbide," dice Dorotea strofinandosi la testa.

"Secondo me, con il passare del tempo le cose si fanno più leggere. Ormai il peggio è passato. Basta scherzi pesanti come le sabbie mobili."

"Uhm, non ne sarei così sicura," interviene Clara. "Ho appena visto dove dobbiamo andare domani."

"Dove?"

"Non ve lo dico. Non voglio rovinarvi la sorpresa."

17. L'INFERNO DEI VERBI IRREGOLARI

I ragazzi si riuniscono davanti al portone dell'Inferno dei Verbi Irregolari. È, o dovrebbe essere, una delle ultime tappe del loro soggiorno a Grammaland, e sono un po' preoccupati: non capita tutti i giorni di andare all'inferno. Non li rassicura la scritta che compare sotto l'insegna:

Lasciate ogni speranza,
voi ch'entrate.

e nemmeno il fatto che, oltre il portone, una larga scalinata li faccia scendere sempre più sottoterra. I gradini finiscono in una grande grotta illuminata dai bagliori rossastri delle fiamme che si levano negli angoli più lontani. Il pavimento della grotta sembra formato da roccia, accanto alla quale scorre un fango ribollente. Al centro, un uomo vestito con un abito lungo fino ai piedi, una specie di cuffia e un ramo d'alloro attorno alla testa li accoglie con uno strano saluto.

Fatti non foste a viver come bruti,
ma per seguir virtute e canoscenza.

"Ma come parla questo?" chiede Luca.
"Dovrebbero essere due versi della *Divina Commedia*," gli spiega Clara. "Vuol dire: non siete stati creati per vivere come animali, ma per seguire virtù e conoscenza."
"Benvenuti all'Inferno!" dice il personaggio vestito come Dante. "E ci resterete a lungo, se non darete le risposte giuste alle mie domande. Cominciamo da te, ragazzina... Marta, vedo scritto sulla targhetta. Ti dispiacerebbe dirmi il passato remoto di *stare*?"
"Ehi, cos'è, un'interrogazione?" chiede Marta, agitandosi. "La scuola è finita."
"La coniugazione, grazie."
Marta si lascia prendere dal panico, e spara la prima cosa che le viene in mente. "*Io stai*, *tu stasti*, *egli stò*. No, *egli stò* è sbagliato perché mi ricordo che l'accento non ci vuole, quindi magari sarà *sto*... *Noi stammo*, *voi staste*, *essi starono*."
Dante ha la faccia rossa e congestionata e gli occhi fuori dalle orbite, come se stesse esercitando uno sforzo sovrumano per non esplodere. "I verbi irregolari si chiamano così perché non seguono la coniugazione regolare! Tu invece hai trattato *stare* come se fosse *amare*: *amai*, *amasti*, *amò*..." Fa schioccare le dita e alle sue spalle si accendono alcune parole fiammeggianti.

io stetti
tu stesti
egli stette
noi stemmo
voi steste
essi stettero

"Marta, hai un'altra possibilità per evitare la pena infernale. Dimmi il passato remoto di *dare*. Ricorda: è un altro verbo irregolare."

"Allora, se è irregolare, forse, magari, fa *io dabbi*, *tu dasti*, *egli debbe*, *noi dabbimo*, *voi daste*, *essi darono*… *dabbero*… *dattero*…"

"Basta! È una tortura!" grida Clara. Da un angolo esce una scimmietta (da quando in qua ci sono scimmiette all'inferno, pensa Clara) e comincia a bersagliare di datteri la povera Marta.

"Be', Clara, questa è una tortura, e non intendo i tiri della scimmietta," dice Dante e, in quel momento, dieci o dodici scimmiette mascherate da diavoli spingono Marta dentro il ribollente fiume di fango.

"No! Aiuto! È un fiume di lava?" chiede la ragazza.

"Non esageriamo," la tranquillizza Dante. "C'è gente che va apposta alle terme o nelle beauty farm per questi trattamenti. I fanghi tiepidi non hanno mai ammazzato nessuno." Intanto, con un altro schiocco di dita, le lettere fiammeggianti che avevano formato il passato remoto di *stare* compongono quello di *dare*.

io diedi
tu desti
egli diede
noi demmo
voi deste
essi diedero

"Sono giuste anche le forme *io detti*, *egli dette* ed *essi dettero*. E a proposito di *dare* e *stare*, ricordate anche il congiuntivo imperfetto, che fa..."

I ragazzi non osano aprir bocca.

"Tu," dice Dante puntando minacciosamente il dito contro Nicola.

"Ehm, il congiuntivo imperfetto è quello... quello con tutte quelle esse?"

"Già."

"Che *io dass*... che *io dessi*, e dunque sarà anche che *io stessi*."

"Molto bene, Nicola," lo applaude Dante, e allontana le scimmiette vestite da diavoli, pronte a gettarsi sul ragazzo. "E mi diresti la terza persona singolare del passato remoto di *provenire* e dell'imperfetto indicativo di *contraddire*?"

"Be', *provenì* e *contraddiva*, no?"

Le scimmiette si guardano e cominciano a rotolarsi per terra indicando Nicola. "Ah, che delusione. Avevo grandi speranze su di te, e mi caschi sui composti dei verbi irregolari." Dante scuote la testa, e con un semplice gesto della mano lascia che le indiavolate

scimmiette, agitando forconi di gomma, spingano anche Nicola nel fiume di fango, accanto a Marta.
"Ragazzi, vi meritate una nota del professor Mangiafuoco," dice Dante indicando una lapide scolpita direttamente nella roccia davanti a loro.

Le note
del prof. Mangiafuoco

Come si coniugano i composti dei verbi irregolari? Di norma, come i verbi da cui derivano. Quindi, se *venire* fa *io venni*, *provenire* farà *io provenni*; *contraddire* segue *dire*: quindi *io contraddicevo*, *egli contraddisse* (e non *contraddì*). Per questo bisogna dire *disfacevo* e non *disfavo*, *soddisfacendo* e non *soddisfando*. Solo in alcuni modi e tempi, per questi verbi molto usati, è diventata "giusta" anche la coniugazione regolare (cioè non modellata su *fare*): per questo possiamo dire *disfi*, *soddisfano*, *disfino*, *soddisferò*... Per controllare quali forme sono lecite, sapete già cosa dovete fare, in caso di dubbio: consultare un dizionario.

"Francesco, sai coniugarmi il presente di *espulgere*?"
"Be', *io espulgo*, *tu espulgi*, *egli espulge*..."
Le scimmiette non aspettano nemmeno la reazione di Dante: circondano il ragazzo con i loro piccoli forconi e lo costringono a mettersi di fianco a Nicola.
"Sei espulso!" grida Dante. "Il verbo *espulgere* non esiste! Esiste *espellere*, che al presente indicativo

fa regolarmente *io espello*. A causa del participio passato *espulso*, qualcuno pensa che l'infinito sia *espulgere*. Non è così."

"Ma è il solito trabocchetto!" si lamenta Francesco.

"La cosa fondamentale dei trabocchetti è non cascarci dentro. Comunque adesso li lasciamo stare e ci concentriamo di nuovo su verbi particolarmente irregolari, proprio perché sono molto usati."

Le scimmiette si fanno avanti reggendo un cartellone sporco di fuliggine e bruciacchiato agli angoli.

INFINITO	IMPERATIVO
andare	..........'
dare	..........'
dire	..........'
fare	..........'
stare	..........'

"Guardate la colonna di destra: avete notato come finiscono tutti gli imperativi?"

"Con un apostrofo?" si fa avanti Sara.

"Proprio così. Allora, come fanno quegli imperativi?"

"Direi *va'*, *da'*, *di'*, *fa'*, *sta'*."

"Giusto, Sara. E sapete al posto di cosa c'è quell'apostrofo? Per tutti, a parte *di'*, l'apostrofo sostituisce una *i*, la *i* della seconda persona del presente indicativo, che nel parlato familiare si può benissimo usare al posto dell'imperativo: *vai*, *dai*, *fai*, *stai*. *Di'* si comporta allo stesso modo per analogia: il vantaggio è che così abbiamo una forma specifica e riconoscibile per gli imperativi di questi verbi pericolosi."

Le note
del prof. Mangiafuoco

Ricordate il Tirassegno dell'Accento, e le regole su quando è obbligatorio e quando è sbagliato l'accento sui monosillabi? Adesso tenete a mente questo: se il verbo – uno di quei cinque – è un imperativo, cioè serve a esprimere un ordine a una seconda persona singolare, dovrete usare l'apostrofo. Impossibile dimenticarlo.

"E se lo dimenticate," aggiunge subito Dante, "ci penseranno le scimmiette-diavolo a farvelo tornare in mente, mettendovi a mollo nel fango. A pro-

posito, vediamo se c'è ancora qualcuno che vuole fare compagnia a Marta, Nicola e Francesco."
Dante si fa passare dalle scimmiette un lungo spiedo e una via di mezzo tra un forcone e un forchettone da cucina. Sulla punta dello spiedo c'è una *c*, mentre su quelle del forchettone ce ne sono due. Le arroventa su un braciere e si rivolge ai ragazzi.
"Guardate quei tabelloni di legno con la coniugazione del presente indicativo di cinque verbi che finiscono in *-cere*."

cuocere	giacere	nuocere
cuo?io	gia?io	nuo?io
cuoci	giaci	nuoci
cuoce	giace	nuoce
cuo?iamo	gia?iamo	nuo?iamo
cuocete	giacete	nuocete
cuo?iono	gia?iono	nuo?iono

piacere	tacere
pia?io	ta?io
piaci	taci
piace	tace
pia?iamo	ta?iamo
piacete	tacete
pia?iono	ta?iono

"Cosa ci va al posto dei punti interrogativi? Una o due *c*? Usate questi ferri arroventati per segnare la vostra risposta sul legno. Chi comincia?"
Si fa avanti Fabio, che prende lo spiedo con la *c* singola e segna le tre voci di cuocere. "*Cuocio*, *cuociamo*, *cuociono*: tutte con una *c* sola."
"Bene. Vuoi continuare?"
"Neanche per sogno. Lascio volentieri al mio amico Luca."
Luca afferra il forchettone e inserisce la doppia *c* alla coniugazione di *piacere*: *piaccio*, *piacciamo*, *piacciono*. Quando vede che le scimmiette non si muovono e Dante fa cenno di sì con la testa, allunga il ferro a sua sorella Clara, dicendo: "È un vero piacere".
Impugnando il forchettone, Clara mette la doppia *c* a *nuoccio* e *nuocciono*, e poi si ferma, incerta. Alla fine si decide: doppia *c* anche per *nuocciamo*.
"A mollo nel fango!" dice Dante. "*Nuoccio* e *nuocciono* è giusto, ma *nuociamo* vuole solo una *c*."
"Ma ne ho fatti giusti due su tre," protesta Clara.
"D'accordo: hai il diritto di stare nel fango in equilibrio su una gamba, tenendo fuori l'altra. Avanti, mancano *giacere* e *tacere*." Poiché nessuno si offre volontario, è Dante a scegliere: tocca ad Agata.
"Tutto con la doppia *c*: *giaccio*, *giacciamo*, *giacciono*; *taccio*, *tacciamo*, *tacciono*."
"Ci hai pensato o sei andata a caso?"
"Ehm."
"È una vergogna: sei andata a caso e le hai azzeccate

tutte," commenta Dante. "Sapete una cosa, ragazzi? Nemmeno i dizionari e le grammatiche sono sempre d'accordo su queste forme. Magari una grammatica scrive che è giusto *taciamo*, che per un dizionario è un errore."

"Come sarebbe?" grida Clara. "I dizionari non sono d'accordo e io sono finita nel fango?"

"Non preoccuparti: tutti considerano sbagliato *nuocciamo* con due *c*. Quanto alle altre forme, fidatevi della tabella che abbiamo completato insieme. E già che ci siamo: al passato remoto come fanno questi verbi?" chiede Dante.

"Io lo so, io lo so," grida Angela. "*Tacere* fa *tacqui* con il *cq*. L'ho sbagliato nella piscina delle Q."

"Bene, vedo che sbagliando s'impara. E gli altri?"

"Be', *giacere* farà *giacqui*, *nuocere nocqui*, *piacere piacqui*."

"Giusto. E *cuocere*?"

"*Cocqui*?"

"A mollo!"

"No, pietà, volevo dire *cossi*!"

"Troppo tardi, Angela.
Il paradiso può attendere,
l'inferno no."

18. COVA LA RIVOLTA

"Prima i voli pericolosi, tra botole, carrelli dell'ottovolante e seggiolini con paracadute incorporato..." comincia Marta nella sala mensa, dopo cena.

"Bello volare con il seggiolino e il paracadute, però," dice Francesco con uno sguardo sognante.

"...poi i denti affilati dello squalo nella piscina delle Q..."

"Guardate il buco che ho sulla maglietta," dice Fabio. "Ho dovuto rimettere quella perché le altre sono tutte da lavare."

"...per non parlare delle sabbie mobili..."

"Una cosa da incoscienti," interviene Alberto.

"Con la *i* o senza?"

"Con la *i*, ovvio."

"...e oggi questo schifo dei fanghi bollenti..."
"Be', su, bollenti... tiepidi," dice Nicola.
"Facevano le bolle!" insiste Marta. "E a un certo punto sembrava che quel Dante volesse tenerci lì per punizione. Era un sequestro di persona!"
"Lo diceva tanto per dire..." si intromette Luca.
"Ormai la settimana è quasi finita. Domani è venerdì, e di sicuro ci tocca Congiuntivik. Non mi ricordo chi l'ha nominato, ma sarà un'esperienza spaventosa, con quella *k* finale. Comunque una cosa è sicura: non possono torturarci perché non sappiamo la grammatica!" continua Marta.
"Giusto!" la appoggia Agata. "Se domani ci fanno qualche strano scherzo dobbiamo ribellarci! D'accordo?"
"D'accordo!" confermano alcune voci.
"Io comunque spero sempre in un altro volo con il paracadute," confessa Francesco mentre si avvia verso la camerata dei ragazzi.

19. IL TUNNEL DEGLI ORRORI DI CONGIUNTIVIK

La porta fa un cigolio sinistro. Il pavimento di legno scricchiola. Dal soffitto del corridoio in penombra pendono ragnatele che ondeggiano lentamente, mosse da uno spiffero gelido.

"Brrr. Sembra una casa stregata," dice Elisabetta.

"Pare un film horror," aggiunge Fabio. "Stupendo."

I ragazzi avanzano lentamente, ma si immobilizzano quando una risata crudele squarcia l'aria. Da dietro un armadio compare un uomo magro con una calzamaglia nera che lo fascia dalla testa ai piedi. Gli occhi sono coperti da una mascherina, e sul petto c'è una grande C dorata.

"Eccovi finalmente nel Tunnel degli Orrori. Io sono lo spietato Congiuntivik, e con me pochi la passano liscia. Come forse avrete intuito, qui dentro si vedrà se sapete usare il congiuntivo, cioè il modo della possibilità, dell'incertezza, del giudizio, dell'opinione, al contrario dell'indicativo, che è il modo della realtà, della certezza, della descrizione di un fatto."

All'improvviso Congiuntivik scompare davanti agli occhi dei ragazzi.

"Ma dov'è finito il tizio in tutina?" chiede Stefano. "Un attimo fa era qui."

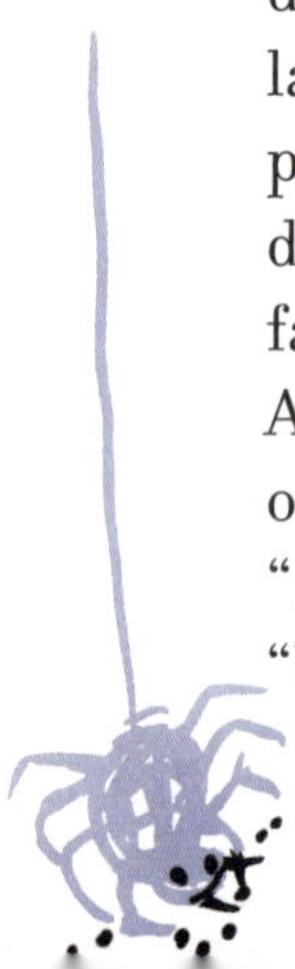

I ragazzi avanzano nel corridoio, e stanno per girare l'angolo quando sentono alle loro spalle la stessa risata di prima. Congiuntivik si era appiattito contro un muro particolarmente in ombra.
"Sembrava che fossi sparito, ma con un po' di attenzione vi sareste accorti che ero qui. Avete notato qualcosa?"
"Che qui è molto buio" dice Luca.
"Notato nelle parole, anzi nei modi verbali che ho usato... Sembrava che *fossi sparito*: con *sembrare* ci vuole il congiuntivo, proprio perché quello non è un fatto, ma un'apparenza. *Vi sareste accorti*, al contrario, vuole l'indicativo (che *ero* qui), perché uno si accorge (così come vede, sente, nota) di qualcosa che sta effettivamente accadendo. Chiaro, no?"
"Sì, cioè..."
"Cercheremo di capirlo meglio con un po' di esempi."
Con un balzo, Congiuntivik supera il gruppo e lo precede in una sala più ampia e ancora più buia. Impugna una torcia e illumina un cartello su una parete.

È necessario che arriv......
in orario.

"Chi vuole completare il verbo? Giorgio?"
"Ehm... allora... sì: *arrivate*."
"*Arrivate*, cioè indicativo? Come mai?"
"Be', si dice che è necessario, e se è necessario va fatto per forza, non ci sono scuse, altro che dubbi e possibilità: ci vuole l'indicativo." Giorgio si guarda attorno in cerca di approvazione.
"Ma no, accidenti. Bisogna dire: 'È necessario che *arriviate* in orario', con il congiuntivo. Chi pronuncia quella frase non sta raccontando un fatto. Sta dicendo che è importante che si compia un'azione (futura, possibile: le persone che dovrebbero arrivare in orario potrebbero non farcela, svegliarsi tardi, decidere che non gli importa e presentarsi quando gli pare). In generale, queste costruzioni con il verbo *essere* seguito da un aggettivo e da che (*è necessario*, *è utile*, *è importante*, *è giusto*, *è possibile*, *è bello*, *è brutto che...*) si costruiscono con il congiuntivo. Tranne, naturalmente..."
"Come, tranne? Ci sono delle eccezioni? Non abbiamo certezze?"
"Appunto: tranne quando indicano certezza. Se dite: 'È *sicuro* che il 6 gennaio *arriva* la Befana', dovete usare per forza l'indicativo. Un congiuntivo, in questi casi, è proprio impossibile. Hai capito?"
"Sì, sì, è chiaro," risponde Giorgio.
"Meglio tardi che mai," commenta Congiuntivik e tira una leva. Una botola si spalanca sotto i piedi del ragazzo, che precipita e si ritrova sdraiato ancora

una volta in un sarcofago, come nel Labirinto degli Specchi. Solo che stavolta sul sarcofago c'è una lapide.

QUI GIACE UNO
CHE USAVA L'INDICATIVO
QUANDO ERA OBBLIGATORIO
IL CONGIUNTIVO

"È uno scherzo cretino!" grida Giorgio. "Tiratemi fuori da qui!" Ma nessuno gli dà ascolto.
Di sopra, Congiuntivik illumina una serie di frasi, e chiede ai ragazzi di cancellare le forme scorrette.
Alla fine il risultato è questo.

È naturale che Giorgio ~~è~~ | sia scontento quando cade in un trabocchetto.

È incredibile che si ~~può~~ | possa credere alle profezie dei Maya.

È triste che uno ~~deve~~ | debba lasciare Grammaland.

Ho l'impressione che a casa non ~~immaginano~~ | immaginino cosa succede qui.

Desidero che tutti ~~sono~~ | siano felici.

Mi dispiace che qualcuno non si ~~diverte~~ | diverta.

"Molto bene," si complimenta Congiuntivik. "Adesso proseguiamo. Guardate questa frase. Dorotea, qual è il verbo giusto?"

Sapevo che ti piacesse | piaceva Fabri Fibra.

"*Piacesse*!"
"E perché?"
"Perché *piacesse* è congiuntivo, no? Finora era sempre giusto il congiuntivo..."
"Ma cosa c'entra? Il congiuntivo non va mica usato a vanvera! Pensa al significato di *sapere*. È un dato di fatto, non un'opinione: se *sai*, sei convinto della verità della cosa che sai, hai informazioni precise, sei sicuro che le cose stanno in un certo modo. *Sapere* è diverso da *pensare*, *immaginare*, *supporre*. E anche da *non sapere*: se *non* sai, entri nel regno del dubbio, dell'incertezza, dunque in quel caso il congiuntivo va benissimo. Guarda le prossime frasi."

Non sapevo che ti piacesse | piaceva Fabri Fibra.
Pensavo che ti piacesse | piaceva Fabri Fibra.

"È un vero peccato che tu abbia sbagliato la prima risposta," dice Congiuntivik sospirando. "Purtroppo sono costretto a punirti."
Mentre avanza a tentoni nel buio, Dorotea non si

accorge che si è infilata in una specie di sgabuzzino. Quando urta la parete in fondo, la porta alle sue spalle si chiude di scatto. Si accende una lucina e la ragazza scopre di essere chiusa in una specie di prigione. Su una parete c'è una scritta.

IN QUESTA CELLA È STATA RINCHIUSA
PER 40 LUNGHI ANNI UNA RAGAZZA
CHE PARLAVA SENZA PENSARE

"Aiuto! Liberatemi! Forse soffro di claustrofobia!"
Gli altri però si sono già spostati in una nuova sala del Tunnel degli Orrori dove, su un tabellone, c'è scritto:

Bisogna fare in modo che i disagi
non si ripercuot...... sui turisti.

"Stefano, vuoi completare tu il verbo?"
"È di sicuro un congiuntivo. E il congiuntivo di *ripercuotere* è... è... *ripercuotino*?"
"Orrore senza nome!" esclama Congiuntivik portandosi una mano sul cuore. "*Ripercuotano*, *ripercuotano*! Uno strafalcione simile si ripercuoterà per forza sulla tua permanenza a Grammaland. Non so se domani il professor Mangiafuoco ti lascerà uscire."
"Ma come, domani devo andare al mare con..." Stefano non finisce la frase: la scala su cui aveva cominciato a salire per seguire gli altri all'improvviso diventa un piano inclinato che lo fa precipitare in una specie di cripta. Nella caduta, rovescia un vaso e si trova ricoperto da qualcosa che sta a metà strada tra la sabbia e la polvere. Afferra il vaso, lo rimette in piedi e si accorge che ha una targhetta.

QUEST'URNA CONTIENE LE CENERI
DI UNO CHE SBAGLIAVA LA CONIUGAZIONE
DEL CONGIUNTIVO

"Molto spiritoso. Ma se domani non mi lasciano andare al mare non ci sarà niente da ridere."
Congiuntivik ha condotto i ragazzi superstiti in un corridoio alle cui pareti è addossata una fila di armadi. "Adesso tocchiamo la solita questione spinosa: il periodo ipotetico."

Un brivido percorre la schiena degli ascoltatori.
"Cioè quel periodo che si costruisce su un'ipotesi, su una condizione, sul *se*. In alcuni periodi ipotetici, quelli della realtà, non si usa il congiuntivo: per esempio, 'Se piove ed esco senza ombrello, mi bagno'. Come vedete, solo indicativi. Ma in altri il congiuntivo ci vuole eccome, insieme al condizionale. Per esempio, come completereste questo verbo?"
Su una parete si disegna una frase, scritta forse con inchiostro fosforescente.

SE NON AV........ FATTO IL CANTANTE, ... DIVENTATO AVVOCATO.

"Lo so io," dice Francesco alzando la mano. "Se non *avrei* fatto il cantante..."
"Come *avrei*? Nel periodo ipotetico, la frase con il *se* non ha mai il condizionale, ma il congiuntivo. 'Se non *avessi* fatto il cantante, *sarei* diventato avvocato'."
"Ma è il titolo di un album di Checco Zalone: *Se non avrei fatto il cantante*, anzi il *cantande*, dice lui."
"Checco Zalone scherzava. E ormai, caro Francesco, dovresti aver imparato che qui non si scherza."

Congiuntivik apre l'anta di un armadio, e senza tanti complimenti spinge dentro Francesco e richiude lo sportello. All'interno, Francesco sente un rumore di cose tintinnanti, e quando i suoi occhi si adattano alla penombra scopre che sono le ossa di uno scheletro appeso a una gruccia dell'armadio. Sotto c'è una scritta, nella stessa vernice fosforescente di quella che l'ha condotto lì dentro.

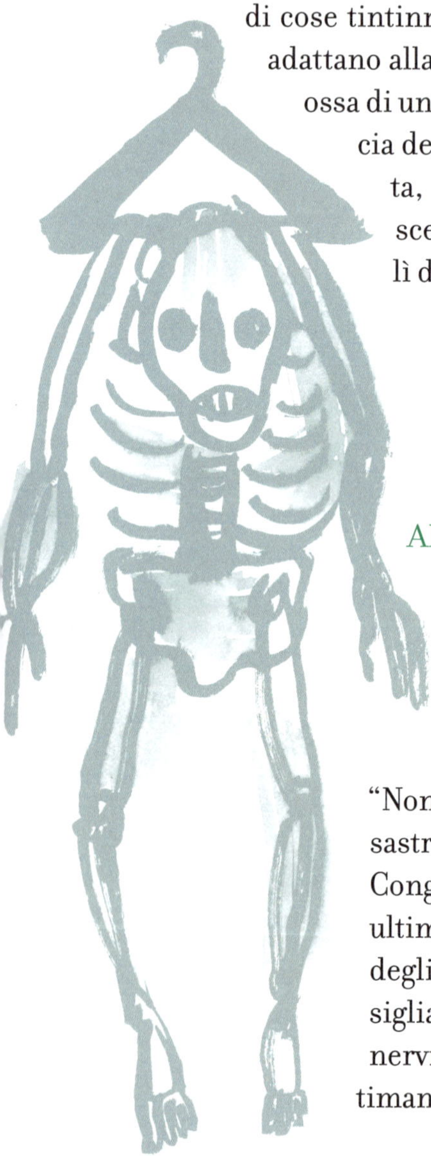

L'UOMO CHE È DIVENTATO
QUESTO SCHELETRO
USAVA IL CONDIZIONALE
AL POSTO DEL CONGIUNTIVO

"Non immaginavo un simile disastro grammaticale," commenta Congiuntivik accompagnando gli ultimi ragazzi all'uscita del Tunnel degli Orrori. Sarò costretto a consigliare al nostro direttore di tenervi qui almeno per un'altra settimana."

20. UNA PROTESTA SCRITTA

"Io mi diverto anche a stare qui," comincia Giorgio. Quando lui e gli altri caduti nei trabocchetti di Congiuntivik sono arrivati alla sala mensa, la cena era stata servita da un pezzo, e loro hanno dovuto accontentarsi di qualche pezzo di formaggio e di un paio di mele. "Ma non possono trattarci in questo modo. Chiudermi in cantina e darmi da mangiare un pezzo di groviera. Mica sono un topo!"

"Sequestro di persona,

con l'aggravante della crudeltà," sibila Dorotea. "In cella come una delinquente."
"Bisognerebbe mandargli un controllo dell'Ufficio Igiene," sbotta Stefano. "Come si fa a tenere le ceneri di un defunto in un parco di divertimenti... Divertimenti per modo di dire."
"Ma non erano di sicuro vere ceneri," interviene Clara, dopo essersi fatta raccontare la disavventura di Stefano. "Era uno scherzo. Succede sempre così nei tunnel degli orrori."
"Forse anche il mio non era un vero scheletro, ma è una questione di principio," urla Francesco. "Non possono fare scherzi così pesanti, e soprattutto non possono tenerci qui contro la nostra volontà. A me personalmente non dispiacerebbe restare, ma lo dico per quelli che non vogliono."
"Dobbiamo ribellarci!" dice Marta alzandosi in piedi.
"Be', potremmo scrivere una lettera al professor Mangiafuoco," propone Clara. "E spiegargli le nostre ragioni.
"Sì, presto, facciamolo!" dicono tutti in coro. "Prendiamo carta e penna."
"Sarebbe utile un computer con la correzione ortografica, ma vedremo di cavarcela anche senza."
Si riuniscono tutti a un tavolo. Tocca a Elisabetta mettersi a scrivere, mentre gli altri cominciano a suggerire le frasi.
"Bisogna prenderlo con le molle," dice Marta. "Illustrissimo prof. Mangiafuoco..."

Illustrissimo prof. Mangiafuoco,
ci rivolgiamo a lei xkè

"Sarà meglio evitare le abbreviazioni," consiglia Clara.
"Ma questa è solo la brutta copia," si giustifica Elisabetta.
"D'accordo, ma conviene scriverla come se fosse la bella."

Illustrissimo prof. Mangiafuoco,
ci rivolgiamo a lei ~~xkè~~ perchè
riteniamo che i suoi assistenti
ci stanno

"Qui ci vuole il congiuntivo," si affretta a correggere Giorgio.

ci ~~stanno~~ stiano maltrattando
ingiustamente.
Nessun'animatore da il giusto
peso

"Attenzione: cancella l'apostrofo," dice Clara, "e aggiungi l'accento a *dà*, voce del verbo *dare*."

Nessun' animatore dà il giusto
peso alla nostra buona volontà,
e tutti ci sottopongono
a punizioni umilianti e
pericolose. Consideriamo tutto
cio illeggittimo e inicuo.

"Scusate," dice Elisabetta. "Aggiungo un accento e tolgo una *g*."

"E metti la *q* al posto della *c* in *iniquo*!"

Consideriamo tutto
ciò illegittimo e iniquo.
Qual è il senso di questo metodo?
Come é possibile che insegnate

"La *i*!"

Come è possibile che insegniate
la grammatica calpestando la nostra
dignità e mettendo a repentoglio
la nostra salute?

"Forse qui stiamo un po' esagerando," dice Luca.

"No: facciamogli vedere che hanno ferito i nostri sentimenti," sostiene Marta.

"Ma veramente io mi sono divertito..." insiste Luca.

Forse queste frasi sono un po'
esagerate, e a Grammaland ci siamo
anche divertiti, lo ammettiamo.
Però non è giusto minacciarci
di tenerci prigionieri un'altra
settimana qui dentro. Si faccia
un esame di coscenza

"Ops, correggo" dice Elisabetta.

Si faccia
un esame di coscienza: se ~~avrebbe~~
fosse capitato a lei, quando aveva
la nostra età, di finire in tutti
questi trabocchetti, come avrebbe reagito?
Siamo sicuri che vorrà ascoltare
le nostre ragioni, e le chiediamo
di controllare i suoi assistenti,
in particolare Tarzan, Dante e
Congiuntivik, che ci sembrano
pazzi scatenati.

"E adesso cosa facciamo?" chiede Agata.

"Rileggiamo bene," dice Clara, "e domani mattina, appena alzati, andiamo a consegnare la lettera al professor Mangiafuoco."

21. IL CUORE SEGRETO DI GRAMMALAND

Il sabato mattina, dopo la colazione, Clara, Luca e gli altri ragazzi arrivano davanti all'ufficio del professor Furio Mangiafuoco, fondatore e presidente di Grammaland. Sulla porta è appeso un cartello con la scritta "AVANTI", così tutti entrano e si accomodano nella sala d'aspetto.
Dopo una decina di minuti d'attesa, Stefano si alza, gironzola per la stanza, va a controllare e scopre che, sul retro di "AVANTI", il cartello ha la scritta "ARRIVO SUBITO".
"Allora il professor Mangiafuoco dovrebbe essere qui dentro."
La porta tra la sala d'aspetto e lo studio di Mangia-

fuoco è aperta per metà. Luca mette dentro la testa e nota che lo studio è deserto, e c'è un'altra porta, spalancata, dietro la scrivania. In punta di piedi, i ragazzi avanzano senza fare rumore, e si trovano in una stanza in penombra che ricorda un negozio d'abbigliamento, o magari una sartoria teatrale.
Appesi ad attaccapanni e manichini ci sono il cappello, la giacca di pelle e la frusta di Indiana, la tuta e il casco dell'astronauta, i calzoni, la camicia a quadri, gli stivaletti con gli speroni del cowboy, i calzoncini rossi e la canottiera bianca del bagnino, la finta pelle di leone di Tarzan, il frac e il cilindro del mago, il camice bianco di Einstein, la tunica di Dante, la calzamaglia di Congiuntivik, con la grande "C" dorata sul petto...
"Ma come, tutti gli animatori vengono a cambiarsi qui, nel retro dello studio di Mangiafuoco?" chiede Elisabetta.
All'improvviso si sente un rumore regolare, ritmico, una via di mezzo tra una pernacchia e uno squillo di tromba. Qualcuno sta russando.
Seguendo il rumore, i ragazzi si spostano nella stanza accanto, dove, su un divano, c'è un giovane uomo in bermuda e maglietta, addormentato. È alto e magro, ed è difficile credere che uno come lui possa russare in maniera così assordante.
"È Indiana?"
"No, è il cowboy."
"Ma se è il mago..."
"È Dante: ha la cuffia sotto la testa."

"Ma quella che stringe in mano non è la mascherina di Congiuntivik?"
"E quelli cosa sono?" chiede Clara. Per terra, accanto al divano, ci sono due piccoli trampoli, un grosso cuscino con due cinghie, un'enorme palandrana, una parrucca e una barba nere.
"No, non è possibile!" esclamano in tre o quattro. Subito dopo, anche gli altri ragazzi sono folgorati dall'incredibile verità.
Il giovane sul divano smette di russare, apre un occhio, poi l'altro, quindi li spalanca entrambi e un attimo dopo è in piedi ad allacciarsi freneticamente il cuscino attorno alla pancia, calzare i trampoli, infilarsi la palandrana e sistemarsi alla bell'e meglio la barba e la parrucca.
"Oh, cari ragazzi, qual buon vento vi porta?" La voce

acuta con cui comincia il discorso diventa sempre più profonda.
"Ma... lei... tu..." balbetta Luca.
"...il professor Mangiafuoco..." bofonchia Fabio.
"...e tutti gli animatori..." farfuglia Marta.
"...sono sempre la stessa persona?" gridano tutti.
Dall'alto dei suoi trampoli, il professor Mangiafuoco scuote la parrucca, si schiarisce la gola, fa scorrere lo sguardo sui ragazzi che lo fissano sbalorditi, poi alza le braccia.
"Sedetevi. Adesso vi spiego. Lasciate che mi faccia un caffè. Volete del succo d'arancia?"
Dopo essersi servito il caffè e aver distribuito i bicchieri ai ragazzi, il fondatore di Grammaland si lascia cadere sul divano, e comincia a raccontare.
"Non avete idea di quanto mi costi questo posto. Ve ne sarete accorti, le attrazioni sono di prim'ordine, i trucchi sembrano quelli di un film di Hollywood, con la differenza che qua facciamo tutto dal vivo, mica con gli effetti elettronici. Avrei bisogno di animatori molto esperti, e non è facile trovarli, e i pochi all'altezza costano un occhio della testa, e non posso permettermeli. D'altra parte, non posso neanche far sapere che faccio tutto io: la gente non si fiderebbe, penserebbe che questo posto non vale niente. Allora, siccome ho sempre desiderato fare l'illusionista-trasformista, ho pensato di mettere in piedi questa piccola messinscena."
I ragazzi fissano Mangiafuoco, increduli.

"Solo che è una fatica tremenda. Alla fine di ogni settimana non mi reggo in piedi, come avete visto anche voi. Comunque, adesso sapete la verità. Vi pregherei di non dirlo in giro, però; altrimenti la voce si diffonde e presidi e genitori non manderan-no più nessuno."

I ragazzi restano in silenzio, imbarazzati. "Anche il nome, Furio Mangiafuoco, è falso?" domanda Clara.

"No, no, mi chiamo davvero così, e con il nome e l'antenato che mi ritrovo devo per forza avere un aspetto... come dire... appropriato. Altrimenti nes-suno mi prenderebbe sul serio. Ma perché siete ve-nuti tutti nel mio ufficio, stamattina? Avevate biso-gno di qualcosa?"

"No... sì... cioè..." È Clara a fare da portavoce. "Vo-levamo consegnarle una lettera, dato che gli ani-matori, cioè lei, continuavano a dire che forse non saremmo tornati a casa oggi..."

"Allora leggiamola, questa lettera."

Clara prende il foglio, che nel frattempo si è un po' spiegazzato, cerca di lisciarlo con le mani e lo porge a Mangiafuoco.

"*Illustrissimo prof. Mangiafuoco*: l'inizio è un po' pomposo, eh?" Il professore va avanti a leggere, e ogni tanto fa cenno di sì con la testa. Alla fine alza lo sguardo, lo fa scorrere sui suoi ospiti e si batte la coscia con una mano.

"Ehi, sono quasi commosso," grida spalancando la

bocca in un sorriso. "Un *po'* con l'apostrofo, *qual è* senza, neanche un *xkè* o un *xò*, le *i* e i congiuntivi al punto giusto... Allora è stata utile una settimana di Grammaland!"
I ragazzi lo guardano perplessi. "Vuol dire che non saremo obbligati a restare ancora?"
"Certo che no. Da come avete scritto questa lettera si capisce che un po' di grammatica l'avete imparata di sicuro. Quindi andate pure. Ormai saranno arrivati i vostri genitori a prendervi."
I ragazzi cominciano ad alzarsi. Adesso che hanno

ottenuto il loro scopo, cominciano ad avere un po' di nostalgia per Grammaland.

"Ah, devo rassicurarvi: qui gli standard di sicurezza sono elevatissimi. È praticamente impossibile farsi male. Andate, adesso. Mi ha fatto piacere avervi qui."

Uno a uno, i ragazzi stringono la mano al professor Mangiafuoco. Quando escono dal suo studio, vedono in lontananza la piccola folla dei genitori.

"Dimenticavo una cosa," grida il fondatore di Grammaland. "Cercherò di tenere sotto controllo Tarzan, Dante e Congiuntivik, che in effetti sono proprio dei pazzi scatenati."

Clara e Luca salutano con la mano Mangiafuoco, poi si voltano e corrono incontro ai loro genitori.

"Allora, ragazzi, come è andata? Vi hanno torturato? Vi siete divertiti?"

"Papà! Mamma! È stato bellissimo. Possiamo ritornare anche l'anno prossimo?"

INDICE ANALITICO

INDICE